HANUKA TATİLİ YEMEK KİTABI'NIN TAMAMI

Işık Festivalini Kutlamak için Şenlikli Bir Yemek Kitabı. Geleneksel ve Modern Hanuka Yemekleri, Atıştırmalıklar ve Tatlılar için 100 Lezzetli Tarif

Yusuf Şimşek

İÇİNDEKİLER

GİRİİŞ

Işık Festivali'ni kutlamak için mükemmel bir yemek kitabı olan Hannukah'ın Sevinci'ne hoş geldiniz! Hannukah, aile, arkadaşlar ve lezzetli yemeklerin zamanıdır ve bu yemek kitabı, sevdiklerinizi memnun edecek unutulmaz yemekler ve ikramlar hazırlamak için ihtiyacınız olan her şeye sahiptir.

Bu yemek kitabında, klasik latkes ve brisketlerden sufganiyot (jöleli çörekler) ve challah gibi geleneksel favorilerin yaratıcı dokunuşlarına kadar çok çeşitli geleneksel ve modern Hannukah tarifleri bulacaksınız. İster deneyimli bir aşçı olun ister mutfakta acemi olun, bu tarifleri takip etmek kolaydır ve herkesin seveceği leziz Hannukah yemekleri, atıştırmalıklar ve tatlılar oluşturmanıza yardımcı olacaktır.

Ancak Hannukah'ın Sevinci bir yemek kitabından daha fazlasıdır; Yahudi kültürü ve geleneğinin bir kutlamasıdır. Kitap boyunca Hannukah'ın tarihi ve öneminin yanı sıra bu bayramı bu kadar özel kılan hikayeler ve gelenekleri de öğreneceksiniz.

Yani ister Hannukah menünüz için ilham arıyor olun ister sadece bu sevilen tatil hakkında daha fazla bilgi edinmek istiyor olun, HANUKA TATİLİ YEMEK KİTABI'NIN TAMAMI mükemmel bir arkadaştır. Haydi yemek pişirelim ve Işık Festivalini şık bir şekilde kutlayalım!

Hannukah, Işık Festivali, yemek kitabı, geleneksel, modern, yemek tarifleri, latkes, döş, sufganiyot, challah, Yahudi kültürü, gelenek, tatil, menü, ilham, kutlama..

1. Elma soslu somun kek

Verim: 16 porsiyon

İÇİNDEKİLER

- 1/2 su bardağı ceviz (doğranmış)
- 1 1/2 bardak elma püresi
- 1 yumurta
- 1 su bardağı şeker
- 2 yemek kaşığı yağ
- 1 çay kaşığı vanilya özü
- 2 su bardağı un (çok amaçlı)
- 2 çay kaşığı karbonat
- 1/2 çay kaşığı tarçın (öğütülmüş)
- 1/2 çay kaşığı hindistan cevizi (öğütülmüş)
- 1 bardak kuru üzüm

TALİMATLAR

a) Ellerinizi sabun ve ılık suyla iyice yıkayın.

b) Fırını önceden 350 dereceye ısıtın. 2 (8x4x2 inç) somun tavasını yağlayın.

c) Yağlanmamış tavada cevizleri kavurun. Orta-düşük ateşte 5-7 dakika ısıtırken karıştırın. Kahverengi olduklarında ve fındık gibi koktuklarında yapılırlar. Soğuması için bir kenara koyun.

d) Elma püresini, yumurtayı, şekeri, yağı ve vanilyayı geniş bir kapta karıştırın.

e) Un, kabartma tozu, tarçın ve hindistan cevizini daha küçük bir kapta karıştırın.

f) Un karışımını elma püresi karışımına dökün.

g) Kuru üzümleri ve soğutulmuş kavrulmuş fındıkları karıştırın.

h) Yağlanmış her tavaya hamurun yarısını dökün. 45-55 dakika pişirin.

i) Kekleri fırından çıkarın. 10 dakika soğutun. Soğutmayı tamamlamak için tavalardan çıkarın. En iyi tadı elde etmek için kekleri servis etmeden önce birkaç saat soğumaya bırakın.

2. Akşam Yemeğinde Sığır Eti ve Lahana

Verim: 4 Porsiyon

İÇİNDEKİLER
- 1 adet yeşil lahana (yıkanmış ve küçük parçalar halinde kesilmiş)
- 1 soğan, orta boy (doğranmış)
- 1 pound kıyma, yağsız (%15 yağ)
- Yapışmaz pişirme spreyi
- 1 çay kaşığı sarımsak tozu
- 1/4 çay kaşığı karabiber
- tuz (tadına göre, isteğe bağlı)
- kırmızı biber gevreği (tadına göre, isteğe bağlı)

TALİMATLAR
a) Lahanayı ve soğanı doğrayın, bir kenara koyun.
b) Büyük bir tavada kıymayı orta ateşte, rengi dönene kadar pişirin. Yağı boşaltın. Sığır eti bir kenara koyun.
c) Yapışmaz pişirme spreyi ile tavaya püskürtün. Soğanları orta ateşte yumuşayana kadar pişirin.
d) Soğanlara lahanayı ekleyin ve lahana kahverengileşene kadar pişirin.
e) Sığır eti lahana ve soğan karışımına karıştırın.
f) Sarımsak tozu, tuz (isteğe bağlı) ve karabiber ile tatlandırın. Baharatlı seviyorsanız lahanaya kırmızı biber gevreği (isteğe bağlı) ekleyin.

3. Güveçte brokolili pilav

Verim: 12 porsiyon

İÇİNDEKİLER
- 1 1/2 bardak pirinç
- 3 1/2 su bardağı su
- 1 soğan (orta boy, doğranmış)
- 1 kutu kremalı mantar veya tavuk veya kereviz veya peynir çorbası (10 3/4 ons, yoğunlaştırılmış)
- 1 1/2 bardak süt (%1)
- 20 ons brokoli veya karnabahar veya karışık sebzeler (dondurulmuş, doğranmış)
- 1/2 pound peynir (rendelenmiş veya dilimlenmiş)
- 3 yemek kaşığı magarin (veya tereyağı)

TALİMATLAR
a) Fırını 350 dereceye ısıtın ve 12x9x2 inçlik fırın tepsisini yağlayın.

b) Bir tencerede pirinç, tuz ve 3 su bardağı suyu karıştırıp kaynatın.

c) Kapağını kapatıp 15 dakika pişirin. Tencereyi ocaktan alın ve 15 dakika daha bekletin.

d) Soğanları margarinde (veya tereyağında) yumuşayana kadar soteleyin.

e) Çorba, süt, 1/2 bardak su, soğan ve pirinci karıştırın. Karışımı fırın tepsisine kaşıkla dökün.

f) Sebzeleri çözdürüp süzün ve ardından pirinç karışımının üzerine yayın.

g) Peyniri eşit şekilde üstüne yayın ve 350 derecede 25-30 dakika, peynir eriyip pirinç kabarcıklanıncaya kadar pişirin.

4. Kırmızı Mercimek Latkes

Verim: 4 Porsiyon

İÇİNDEKİLER

- 1/2 su bardağı kuru kırmızı mercimek
- 1 patates, orta rendelenmiş (yaklaşık 1/2 pound, soyulması isteğe bağlıdır)
- 1 büyük yumurta
- 1 diş sarımsak, ince dilimlenmiş
- 2 yemek kaşığı Parmesan peyniri, rendelenmiş veya başka bir peynir
- 1 çizgi acı sos (1-2 çizgi, isteğe bağlı)
- 1/4 çay kaşığı tuz
- karabiber (tadına göre, isteğe bağlı)
- 2 yemek kaşığı kanola yağı (veya yemek pişirmek için zeytinyağı)

TALİMATLAR

a) Mercimekleri orta boy bir tencereye ekleyin ve üzerini yaklaşık bir inç kaplayacak şekilde su ekleyin. Kaynamaya bırakın, ardından ateşi kısın ve yumuşayana kadar yaklaşık 15 dakika pişirin. Drenaj yapın ve bir kenara koyun.

b) Bu arada patatesteki fazla suyu çıkarın: Bir avuç dolusu sıkabilir veya tüm yığını temiz bir kurulama bezinin üzerine koyup sıkabilirsiniz.

c) Yumurtayı orta boy bir kaseye kırın ve hafifçe çırpın. Orta boy bir kapta kullanıyorsanız patatesi, pişmiş mercimeği, sarımsağı, yeşil soğanı, peyniri ve acı sosu ekleyin. Tuzu ve iyice öğütülmüş karabiberi ekleyin ve birleşene kadar karıştırın.

d) Büyük bir tavayı orta ateşte ısıtın, ardından bol miktarda yağ (1-2 yemek kaşığı) ekleyin. Tavayı kalabalıklaştırmamak için gruplar halinde çalışarak, patates-mercimek karışımından parçalar ekleyin (yaklaşık bir golf topu büyüklüğünde veya biraz daha büyük işe yarar) ve her birini tavaya koyar koymaz düzleştirin; yarım inç kalınlığında.

e) Latkes derin altın rengi kahverengi olana ve tamamen pişene kadar, her tarafı yaklaşık 4-5 dakika pişirin. Her ilave parti için tavaya biraz daha yağ ekleyin. Hemen servis yapın veya latkeleri 200°F fırında bir saate kadar sıcak tutun.

5. Ispanaklı Patates Krep

Verim: 4 Porsiyon

İÇİNDEKİLER

- 2 bardak kabak, rendelenmiş
- 1 adet orta boy patates (soyulmuş ve doğranmış)
- 1/4 bardak soğan, ince doğranmış
- 1/4 çay kaşığı tuz
- 1/4 bardak tam buğday unu
- 1 1/2 bardak ıspanak, doğranmış ve buharda pişirilmiş
- 1/2 çay kaşığı biber
- 1/4 çay kaşığı öğütülmüş hindistan cevizi
- 1 yumurta, dövülmüş
- elma püresi (isteğe bağlı)

TALİMATLAR

a) İlk sekiz malzemeyi bir kasede birleştirin.

b) Yumurtayı katıp iyice karıştırın.

c) İyi yağlanmış sıcak bir tavaya 1/4 bardak dolusu hamur dökün ve köfteler oluşturacak şekilde düzleştirin.

d) Altın kahverengi olana kadar kızartın; çevirin ve ikinci tarafı da hafifçe kızarana kadar pişirin. İstenirse kağıt havluların üzerine boşaltın ve elma püresiyle servis yapın.

6. Tam Buğday Sarımsaklı Ekmek Çubukları

Verim: 6 porsiyon

İÇİNDEKİLER:
- 6 dilim ekmek (%100 tam buğday)
- 2 yemek kaşığı zeytinyağı
- 1/2 çay kaşığı sarımsak tozu
- 1 İtalyan baharatı (gerektiği gibi üzerine serpmek için)

TALİMATLAR
a) Her dilim ekmeği bir çay kaşığı yağla yağlayın.
b) Sarımsak tozu ve İtalyan baharatı serpin.
c) Ekmeği üst üste koyun ve her dilimi 3 eşit parçaya bölün.
d) 300 derecede yaklaşık 25 dakika veya gevrek ve hafifçe kızarana kadar pişirin.

7. Hannukah Soğan Halkaları

İÇİNDEKİLER:

- 3 büyük soğan
- 1 su bardağı mısır unu
- 1 su bardağı un
- 2 çay kaşığı tuz
- 1 bardak yoğurt
- 1 bardak süt
- Öğütülmüş biber
- kızartmalık yağ

TALİMATLAR

a) Büyük bir tencerede yaklaşık ¾" yağı 350° F'ye ısıtın. Sütü ve yoğurdu küçük kasede birleştirin. Başka bir kapta mısır unu, un, tuz ve karabiberi birleştirin.

b) Soğanları dilimleyip halkalarını ayırın. Halkaları süt ve yoğurt karışımında birkaç dakika bekletin.

c) Daha sonra un karışımının her iki tarafını da tarayın ve halkaları yağın içine yerleştirmek için maşa kullanın. Halkaları altın rengi olana kadar pişirin.

d) Kağıt havluya çıkarın ve 200° F fırında sıcak tutun.

8. Ev yapımı Ekşi Krema

İÇİNDEKİLER:

- ¼ bardak süt
- 1 bardak ağır krema
- ¾ çay kaşığı damıtılmış beyaz sirke

TALİMATLAR

a) Süt ve sirkeyi birleştirin ve 10 dakika bekletin. Ağır kremayı bir kavanoza dökün.

b) Süt karışımını karıştırın, kavanozun kapağını kapatın ve oda sıcaklığında 24 saat bekletin.

c) Kullanmadan önce soğutun.

9. Portakallı-Adaçayı Zeytinyağlı Kek

İÇİNDEKİLER:
KEK:
- 4 yumurta
- 1 su bardağı şeker
- ½ su bardağı sızma zeytinyağı
- ¼ bardak portakal suyu
- 2 yemek kaşığı portakal kabuğu rendesi
- 1 yemek kaşığı ince kıyılmış taze adaçayı
- 1 ½ su bardağı çok amaçlı un
- 1 yemek kaşığı kabartma tozu
- ½ çay kaşığı tuz
- ½ çay kaşığı tarçın

TURUNCU BUZLANMA:
- 1 su bardağı pudra şekeri
- 2 yemek kaşığı portakal suyu

TALİMATLAR
a) Fırını önceden 350° F'ye ısıtın ve 1 büyük somun tepsisini yağlayın. Yumurtaları ve şekeri stand mikserinde 2 dakika, karışım köpük köpük olana kadar çırpın. Mikser düşük devirde çalışırken zeytinyağı ve portakal suyunu gezdirin. Portakal kabuğu rendesini ve adaçayı yapraklarını katlayın.
b) Ayrı bir karıştırma kabında un, kabartma tozu, tuz ve tarçını birleştirin.
c) Kuru karışımı stand mikserindeki ıslak karışıma ekleyin ve pürüzsüz hale gelinceye kadar karıştırın.
d) Hamuru ekmek tavasına dökün. Pastayı 30-35 dakika pişirin. Pastayı tavada 15 dakika bekletin ve ardından tamamen soğuması için tel rafa aktarın.
e) Bir karıştırma kabında pudra şekeri ve portakal suyunu birlikte çırpın. Kek soğuyunca üzerine kremayı dökün ve krema sertleşene kadar bir kenara koyun.

10. Kolay Sufganiyot

İÇİNDEKİLER:

- Mağazadan satın alınan bir rulo bisküvi hamuru
- Kızartmak için kanola yağı
- Küçük bir kase beyaz veya toz şeker
- ½ bardak reçel Yağı

TALİMATLAR

a) Hamuru oda sıcaklığında 20 dakika bekletin, böylece kolayca açılır.

b) Unlu bir yüzeyde hamuru yarım inç kalınlığa kadar açın. 2 ½" veya 3" daireleri kesin.

c) Bir tencereye 2 inçlik yağ doldurun ve 360° F'ye ısıtın.

d) Hamuru her iki tarafı da koyu kahverengi olana kadar kızartın. Ortasının hamur gibi olmadığından emin olmak için bir tanesini test edin. Çörekleri kağıt havluya aktarın, fazla yağını alın ve şekerle kaplayın.

e) Sıkma şişesi kullanarak reçeli doldurun.

11. Hannukah Gelt Şekerleme

İÇİNDEKİLER

- 3 su bardağı yarı tatlı çikolata parçaları
- 1 kutu şekerli yoğunlaştırılmış süt
- 1 çay kaşığı vanilya
- ¼ çay kaşığı tuz

TALİMATLAR

a) Çikolata parçacıklarını ve yoğunlaştırılmış sütü kasede birleştirin ve mikrodalgada 1 dakika ısıtın.
b) Pürüzsüz olana kadar karıştırın. Daha fazla süre gerekiyorsa, mikrodalgada 10 saniyelik artışlarla ısıtmaya devam edin.
c) Vanilya ve tuzu ekleyip karıştırın. Mumlu kağıtla kaplı bir tabağa yayın. Yarım saat kadar buzdolabında bekletin. Şekerlemeyi istediğiniz şekillerde kesin ve folyoya sarın.
d) Yemeye hazır olana kadar şekerlemeyi soğutun.

12.   Fırında Ispanak ve Peynir

İÇİNDEKİLER

- Yapışmaz pişirme spreyi
- 2 tam yumurta artı 2 yumurta akı
- ¾ bardak süt
- 3 dilim bir günlük hafif ekmek, küçük üçgenler halinde kesilmiş
- 1 su bardağı taze ıspanak, ince doğranmış
- ½ su bardağı rendelenmiş parmesan peyniri

TALİMATLAR

a) Fırını önceden 350° F'ye ısıtın. 8 inçlik yaylı tavanın tabanını pişirme kağıdıyla kaplayın ve yapışmaz pişirme spreyi püskürtün. Orta boy bir kapta yumurtaları ve yumurta aklarını köpürene kadar çırpın.

b) Sütü, ıspanağı ve peyniri ekleyin. Karıştırmak için karıştırın. Hazırlanan tavaya dökün.

c) Kurutulmuş ekmek üçgenlerini karışıma batırın. Karışımla kaplandıktan sonra her parçanın bir noktasını çatalla yukarı bakacak şekilde kaldırın.

d) Yaklaşık 20-30 dakika, üzeri hafif kızarana kadar, kapağı açık pişirin.

e) Fırından çıkarıp soğutun. Kenarlarını bıçakla dıştan keserek gevşetin. Tavadan alıp ısıya dayanıklı bir tabağa dizin.

13. <u>Tereyağlı Nane Kurabiyeleri</u>

İÇİNDEKİLER

- 1 bardak tereyağı, yumuşatılmış
- ½ su bardağı şekerleme şekeri
- 1 ½ çay kaşığı nane özü
- 1 ¾ su bardağı çok amaçlı un
- Yeşil renkli şeker

TALİMATLAR

a) Büyük bir kapta, tereyağını ve şekerleme şekerini hafif ve kabarık olana kadar kremalayın. Ekstraktla çırpın. Unu yavaş yavaş ekleyip iyice karıştırın. Yemek kaşığı kadar hamurdan toplar yapın.

b) Yağlanmamış fırın tepsilerine 1 inç aralıklarla yerleştirin; renkli şekere batırılmış bir bardakla düzleştirin. 350° F'de 12-14 dakika veya sertleşinceye kadar pişirin.

c) Soğutmak için tel raflara çıkarın. Verim: 3 düzine.

14. Kavrulmuş Tatlı Patates & Taze İncir

Yapım: 4

İÇİNDEKİLER

- 4 küçük tatlı patates (toplamda 2¼ lb / 1 kg)
- 5 yemek kaşığı zeytinyağı
- 3 yemek kaşığı / 40 ml balzamik sirke (birinci sınıf bir kalite yerine ticari bir sirke kullanabilirsiniz)
- 1½ yemek kaşığı / 20 gr ince şeker
- 12 yeşil soğan, uzunlamasına ikiye bölünmüş ve 1½ inç / 4 cm'lik parçalar halinde kesilmiş
- 1 kırmızı şili, ince dilimlenmiş
- 6 olgun incir (toplamda 8½ oz / 240 g), dörde bölünmüş
- 5 oz / 150 gr yumuşak keçi sütü peyniri (isteğe bağlı)
- Maldon deniz tuzu ve taze çekilmiş karabiber

TALİMATLAR

a) Fırını önceden 475°F / 240°C'ye ısıtın.

b) Tatlı patatesleri yıkayın, uzunlamasına ikiye bölün ve ardından her yarımı tekrar benzer şekilde 3 uzun dilime bölün. 3 yemek kaşığı zeytinyağı, 2 çay kaşığı tuz ve biraz karabiberle karıştırın. Dilimleri deri tarafı aşağı bakacak şekilde bir fırın tepsisine yayın ve yumuşak ama yumuşak olmayana kadar yaklaşık 25 dakika pişirin. Fırından çıkarıp soğumaya bırakın.

c) Balzamik azaltmayı yapmak için balzamik sirkeyi ve şekeri küçük bir tencereye koyun. Kaynatın, ardından ısıyı azaltın ve kalınlaşana kadar 2 ila 4 dakika pişirin. Sirke hala baldan daha akıcı olduğunda tavayı ocaktan aldığınızdan emin olun; soğudukça kalınlaşmaya devam edecektir. Çiseleme yapamayacak kadar koyulaşırsa servis yapmadan önce bir damla su ilave edin.

d) Tatlı patatesleri servis tabağına dizin. Kalan yağı orta boy bir tencerede orta ateşte ısıtın ve yeşil soğanları ve şiliyi ekleyin. Şili'yi yakmamak için sık sık karıştırarak 4 ila 5 dakika kızartın. Tatlı patateslerin üzerine yağı, soğanı ve şiliyi kaşıkla dökün. İncirleri dilimlerin arasına yerleştirin ve ardından balzamik karışımın üzerine gezdirin. Oda sıcaklığında servis yapın. Kullanıyorsanız üzerine peyniri ufalayın.

15. Na'ama'nın şişmanlığı

Yapım: 6

İÇİNDEKİLER

- 1 bardak / 200 g Yunan yoğurdu ve ¾ bardak artı 2 yemek kaşığı / 200 ml tam yağlı süt veya 1⅔ bardak / 400 ml ayran (hem yoğurt hem de süt yerine)
- 2 büyük bayat pide veya naan (toplamda 9 oz / 250 gr)
- 3 büyük domates (toplamda 13 oz / 380 g), ⅔ inç / 1,5 cm'lik zarlar halinde kesilmiş
- 3½ oz / 100 gr turp, ince dilimlenmiş
- 3 Lübnan veya mini salatalık (toplamda 9 oz / 250 g), soyulmuş ve ⅔ inç / 1,5 cm'lik zarlar halinde doğranmış
- 2 yeşil soğan, ince dilimlenmiş
- ½ oz / 15 gr taze nane
- 1 oz / 25 gr düz yapraklı maydanoz, iri kıyılmış
- 1 yemek kaşığı kuru nane
- 2 diş sarımsak, ezilmiş
- 3 yemek kaşığı taze sıkılmış limon suyu
- ¼ bardak / 60 ml zeytinyağı, ayrıca üzerine gezdirmek için ekstra
- 2 yemek kaşığı elma şarabı veya beyaz şarap sirkesi
- ¾ çay kaşığı taze çekilmiş karabiber
- 1½ çay kaşığı tuz
- Tatlandırmak ve süslemek için 1 yemek kaşığı sumak veya daha fazlası

TALİMATLAR

a) Yoğurt ve süt kullanıyorsanız, her ikisini de bir kaseye koyarak en az 3 saat ve en fazla bir gün önceden başlayın. İyice çırpın ve yüzeyde kabarcıklar oluşuncaya kadar serin bir yerde veya buzdolabında bekletin. Elde ettiğiniz şey bir çeşit ev yapımı ayrandır, ancak daha az ekşidir.

b) Ekmeği lokma büyüklüğünde parçalara ayırın ve geniş bir karıştırma kabına koyun. Fermente yoğurt karışımınızı veya ticari ayranınızı ve ardından diğer malzemeleri ekleyin, iyice karıştırın ve tüm tatların birleşmesi için 10 dakika bekletin.

c) Fattuşları servis kaselerine paylaştırın, üzerine biraz zeytinyağı gezdirin ve sumak ile süsleyin.

16. Hurma ve bademli bebek ıspanak salatası

Yapım: 4

İÇİNDEKİLER

- 1 yemek kaşığı beyaz şarap sirkesi
- ½ orta boy kırmızı soğan, ince dilimlenmiş
- 3½ oz / 100 g çekirdekleri çıkarılmış Medjool hurması, uzunlamasına dörde bölünmüş
- 2 yemek kaşığı / 30 gr tuzsuz tereyağı
- 2 yemek kaşığı zeytinyağı
- 2 küçük pide, yaklaşık 3½ oz / 100 g, kabaca 1½ inç / 4 cm'lik parçalara bölünmüş
- ½ bardak / 75 gr bütün tuzsuz badem, iri kıyılmış
- 2 çay kaşığı sumak
- ½ çay kaşığı şili gevreği
- 5 oz / 150 gr bebek ıspanak yaprağı
- 2 yemek kaşığı taze sıkılmış limon suyu
- tuz

TALİMATLAR

a) Sirkeyi, soğanı ve hurmaları küçük bir kaseye koyun. Bir tutam tuz ekleyip elinizle iyice karıştırın. 20 dakika marine etmeye bırakın, ardından kalan sirkeyi boşaltın ve atın.

b) Bu arada orta boy bir tavada tereyağını ve zeytinyağının yarısını orta ateşte ısıtın. Pideyi ve bademleri ekleyin ve pide çıtır çıtır ve altın rengi kahverengi olana kadar sürekli karıştırarak 4 ila 6 dakika pişirin. Ateşten alın ve sumak, pul biber ve ¼ çay kaşığı tuzu ekleyip karıştırın. Soğuması için bir kenara koyun.

c) Servis etmeye hazır olduğunuzda ıspanak yapraklarını pide karışımıyla birlikte geniş bir karıştırma kabına atın. Hurmaları, kırmızı soğanı, kalan zeytinyağını, limon suyunu ve bir tutam tuzu ekleyin. Baharatı tadın ve hemen servis yapın.

17. Közlenmiş patlıcan, kızarmış soğanla

Yapım: 4

İÇİNDEKİLER

- 2 büyük patlıcan, sapı açık olacak şekilde uzunlamasına ikiye bölünmüş (toplamda yaklaşık 1⅔ lb / 750 g)
- ⅔ su bardağı / 150 ml zeytinyağı
- 4 soğan (toplamda yaklaşık 1¼ lb / 550 g), ince dilimlenmiş
- 1½ yeşil biber
- 1½ çay kaşığı öğütülmüş kimyon
- 1 çay kaşığı sumak
- 1¾ oz / 50 gr beyaz peynir, büyük parçalara bölünmüş
- 1 orta boy limon
- 1 diş sarımsak, ezilmiş
- tuz ve taze çekilmiş karabiber

TALİMATLAR

a) Fırını önceden 425°F / 220°C'ye ısıtın.

b) Her patlıcanın kesik tarafını çapraz desenle çizin. Kesilen kısımları 6½ yemek kaşığı / 100 ml yağla fırçalayın ve bol miktarda tuz ve karabiber serpin. Bir fırın tepsisine yerleştirin, tarafı yukarı bakacak şekilde kesin ve et altın kahverengi olana ve tamamen pişene kadar fırında yaklaşık 45 dakika kızartın.

c) Patlıcanlar kızarırken kalan yağı geniş bir tavaya ekleyin ve yüksek ateşe koyun. Soğanları ve ½ çay kaşığı tuzu ekleyin ve sık sık karıştırarak 8 dakika pişirin, böylece soğanın bazı kısımları gerçekten koyu ve gevrek olur. Biberlerin tamamını yarısından ayrı tutarak çekirdeklerini çıkarın ve doğrayın. Öğütülmüş kimyonu, sumak ve doğranmış şiliyi ekleyin ve beyaz peyniri eklemeden önce 2 dakika daha pişirin. Fazla karıştırmadan son dakika pişirin ve ocaktan alın.

d) Limonun kabuğunu ve özünü çıkarmak için küçük tırtıklı bir bıçak kullanın. Eti irice doğrayın, çekirdeklerini atın ve eti ve varsa meyve sularını, kalan ½ biber ve sarımsakla birlikte bir kaseye koyun.

e) Patlıcanlar hazır olur olmaz yemeği hazırlayın. Kavrulmuş yarımları servis tabağına aktarın ve limon sosunu etin üzerine kaşıklayın. Soğanları biraz ısıtıp üzerine kaşıkla dökün. Sıcak servis yapın veya oda sıcaklığına gelmesi için bir kenara koyun.

18. Za'atar ile kavrulmuş balkabağı

Yapım: 4
İÇİNDEKİLER
- 1 büyük balkabağı (toplamda 2½ lb / 1,1 kg), ¾ x 2½ inç / 2 x 6 cm dilimler halinde kesilmiş
- 2 kırmızı soğan, 1¼ inç / 3 cm dilimler halinde kesilmiş
- 3½ yemek kaşığı / 50 ml zeytinyağı
- 3½ yemek kaşığı hafif tahin ezmesi
- 1½ yemek kaşığı limon suyu
- 2 yemek kaşığı su
- 1 küçük diş sarımsak, ezilmiş
- 3½ yemek kaşığı / 30 gr çam fıstığı
- 1 yemek kaşığı za'atar
- 1 yemek kaşığı iri kıyılmış düz yapraklı maydanoz
- Maldon deniz tuzu ve taze çekilmiş karabiber

TALİMATLAR
a) Fırını önceden 475°F / 240°C'ye ısıtın.

b) Kabak ve soğanı geniş bir karıştırma kabına koyun, 3 yemek kaşığı yağ, 1 çay kaşığı tuz ve biraz karabiber ekleyip iyice karıştırın. Kabuğu aşağı bakacak şekilde bir fırın tepsisine yayın ve sebzeler biraz renk alıp iyice pişene kadar fırında 30 ila 40 dakika kızartın. Soğanlara dikkat edin çünkü soğanlar kabaktan daha hızlı pişebilir ve daha erken çıkarılması gerekebilir. Fırından çıkarıp soğumaya bırakın.

c) Sosu hazırlamak için tahini limon suyu, su, sarımsak ve ¼ çay kaşığı tuzla birlikte küçük bir kaseye koyun. Sos bal kıvamına gelinceye kadar çırpın, gerekirse daha fazla su veya tahin ekleyin.

d) Kalan 1½ çay kaşığı yağı küçük bir tavaya dökün ve orta-düşük ateşte yerleştirin. Çam fıstıklarını ½ çay kaşığı tuzla birlikte ekleyin ve sık sık karıştırarak, fıstıklar altın rengi kahverengi olana kadar 2 dakika pişirin. Ateşten alın ve pişmeyi durdurmak için fındıkları ve yağı küçük bir kaseye aktarın.

e) Servis yapmak için sebzeleri geniş bir servis tabağına yayın ve tahinin üzerine gezdirin. Üzerine çam fıstığı ve yağını, ardından za'atar ve maydanozu serpin.

19. Fava Fasulyesi Gugu

Yapım: 6

İÇİNDEKİLER

- 1 lb / 500 g bakla fasulyesi, taze veya dondurulmuş
- 5 yemek kaşığı / 75 ml kaynar su
- 2 yemek kaşığı ince şeker
- 5 yemek kaşığı / 45 gr kurutulmuş kızamık
- 3 yemek kaşığı ağır krema
- ¼ çay kaşığı safran iplikleri
- 2 yemek kaşığı soğuk su
- 5 yemek kaşığı zeytinyağı
- 2 orta boy soğan, ince doğranmış
- 4 diş sarımsak, ezilmiş
- 7 büyük serbest gezinen yumurta
- 1 yemek kaşığı çok amaçlı un
- ½ çay kaşığı kabartma tozu
- 1 su bardağı / 30 gr dereotu, doğranmış
- ½ bardak / 15 gr nane, doğranmış
- tuz ve taze çekilmiş karabiber

TALİMATLAR

a) Fırını 350°F / 180°C'ye önceden ısıtın. Baklaları bol kaynar su dolu bir tencereye koyun. 1 dakika pişirin, süzün, soğuk su altında yenileyin ve bir kenara koyun.

b) 5 yemek kaşığı / 75 ml kaynar suyu orta boy bir kaseye dökün, şekeri ekleyin ve karıştırarak çözün. Bu şurup ılık hale geldikten sonra kızamıkları ekleyin ve yaklaşık 10 dakika bekletin, ardından süzün.

c) Kremayı, safranı ve soğuk suyu küçük bir tencerede kaynatın. Derhal ocaktan alın ve demlenmesi için 30 dakika bekletin.

d) Kapağı olan, 10 inç / 25 cm'lik yapışmaz, fırına dayanıklı bir kızartma tavasında 3 yemek kaşığı zeytinyağını orta ateşte ısıtın. Soğanları ekleyip ara sıra karıştırarak yaklaşık 4 dakika pişirin, ardından sarımsağı ekleyip 2 dakika daha karıştırarak pişirin. Fava fasulyelerini karıştırın ve bir kenara koyun.

e) Yumurtaları geniş bir karıştırma kabında köpürene kadar iyice çırpın. Unu, kabartma tozunu, safran kremasını, otları, 1½ çay kaşığı tuzu ve ½ çay kaşığı biberi ekleyip iyice çırpın. Son olarak kızamıkları, bakla ve soğan karışımını ekleyin.

f) Tavayı temizleyin, kalan zeytinyağını ekleyin ve iyice ısınması için 10 dakika fırına koyun. Yumurta karışımını sıcak tavaya dökün, kapağını kapatın ve 15 dakika pişirin. Kapağı çıkarın ve yumurtalar sertleşene kadar 20 ila 25 dakika daha pişirin. Fırından çıkarıp 5 dakika kadar dinlendirdikten sonra servis tabağına ters çevirin. Sıcak veya oda sıcaklığında servis yapın.

Çiğ Enginar ve Bitki Salatası

20. Çiğ enginar ve ot salatası

İÇİNDEKİLER

- 2 veya 3 büyük küre enginar (toplamda 1½ lb / 700 g)
- 3 yemek kaşığı taze sıkılmış limon suyu
- 4 yemek kaşığı zeytinyağı
- 2 su bardağı / 40 gr roka
- ½ su bardağı / 15 gr yırtık nane yaprağı
- ½ bardak / 15 gr yırtık kişniş yaprağı
- 1 oz / 30 gr pecorino toscano veya romano peyniri, ince traşlanmış
- Maldon deniz tuzu ve taze çekilmiş karabiber

TALİMATLAR

a) Limon suyunun yarısı ile karıştırılmış bir kase su hazırlayın. 1 enginarın sapını çıkarın ve sert dış yapraklarını çıkarın. Daha yumuşak, soluk yapraklara ulaştığınızda, büyük, keskin bir bıçak kullanarak çiçeğin alt çeyreği kalacak şekilde kesin. Enginarın dış katmanlarını tabanı veya alt kısmı ortaya çıkana kadar çıkarmak için küçük, keskin bir bıçak veya sebze soyucu kullanın. Killi "tıkanıklığı" kazıyın ve tabanı asitli suya koyun. Gerisini atın ve diğer enginarlarla aynı işlemi tekrarlayın.

b) Enginarları boşaltın ve kağıt havluyla kurulayın. Bir mandolin veya büyük, keskin bir bıçak kullanarak enginarları kağıt inceliğinde dilimler halinde kesin ve büyük bir karıştırma kabına aktarın. Kalan limon suyunu sıkın, zeytinyağını ekleyin ve iyice kaplayın. Enginarı dilerseniz birkaç saat kadar oda sıcaklığında bırakabilirsiniz. Servis etmeye hazır olduğunuzda enginara roka, nane ve kişnişi ekleyin ve ¼ çay kaşığı tuz ve bol miktarda taze çekilmiş karabiber ile tatlandırın.

c) Yavaşça fırlatıp servis tabaklarına dizin. Pecorino talaşlarıyla süsleyin.

21. Karışık Fasulye Salatası

Yapım: 4

İÇİNDEKİLER

- 10 oz / 280 g sarı fasulye, ayıklanmış (mevcut değilse, yeşil fasulye miktarının iki katı)
- 10 oz / 280 gr yeşil fasulye, doğranmış
- 2 kırmızı biber, ¼ inç / 0,5 cm şeritler halinde kesilmiş
- 3 yemek kaşığı zeytinyağı, ayrıca biberler için 1 çay kaşığı
- 3 diş sarımsak, ince dilimlenmiş
- 6 yemek kaşığı / 50 gr kapari, durulanmış ve kurulayın
- 1 çay kaşığı kimyon tohumu
- 2 çay kaşığı kişniş tohumu
- 4 yeşil soğan, ince dilimlenmiş
- ⅓ bardak / 10 gr tarhun, iri kıyılmış
- ⅔ bardak / 20 gr çekilmiş frenk maydanozu yaprağı (veya toplanmış dereotu ve kıyılmış maydanoz karışımı)
- 1 limonun rendelenmiş kabuğu
- tuz ve taze çekilmiş karabiber

TALİMATLAR

a) Fırını önceden 450°F / 220°C'ye ısıtın.

b) Büyük bir tavayı bol suyla kaynatın ve sarı fasulyeleri ekleyin. 1 dakika sonra yeşil fasulyeleri ekleyin ve 4 dakika daha veya fasulyeler tamamen pişip hâlâ çıtır olana kadar pişirin. Buzlu su altında tazeleyin, süzün, kurulayın ve büyük bir karıştırma kabına yerleştirin.

c) Bu arada biberleri 1 çay kaşığı yağa atın, bir fırın tepsisine yayın ve 5 dakika veya yumuşayana kadar fırında bekletin. Fırından çıkarın ve pişmiş fasulyelerin bulunduğu kaseye ekleyin.

d) 3 yemek kaşığı zeytinyağını küçük bir tencerede ısıtın. Sarımsakları ekleyin ve 20 saniye pişirin; kaparileri ekleyin (dikkat edin, tükürürler!) ve 15 saniye daha kızartın. Kimyon ve kişniş tohumlarını ekleyin ve 15 saniye daha kızartmaya devam edin. Sarımsak şimdiye kadar altın rengine dönmüş olmalıydı. Ateşten alın ve tavanın içindekileri hemen fasulyelerin üzerine dökün. Yeşil soğanları, otları, limon kabuğu rendesini, ¼ çay kaşığı tuzu ve karabiberi atıp ekleyin.

e) Servis yapın veya bir güne kadar buzdolabında saklayın. Servis yapmadan önce oda sıcaklığına getirmeyi unutmayın.

22. Limonlu pırasa köfte

Şunu yapar: 4 BAŞLANGIÇ OLARAK

İÇİNDEKİLER

- 6 büyük kesilmiş pırasa (toplamda yaklaşık 1¾ lb / 800 g)
- 9 oz / 250 gr kıyma
- 1 su bardağı / 90 gr ekmek kırıntısı
- 2 büyük serbest gezinen yumurta
- 2 yemek kaşığı ayçiçek yağı
- ¾ ila 1¼ bardak / 200 ila 300 ml tavuk suyu
- ⅓ su bardağı / 80 ml taze sıkılmış limon suyu (yaklaşık 2 limon)
- ⅓ su bardağı / 80 gr Yunan yoğurdu
- 1 yemek kaşığı ince kıyılmış düz yapraklı maydanoz
- tuz ve taze çekilmiş karabiber

TALİMATLAR

a) Pırasaları ¾ inç / 2 cm'lik dilimler halinde kesin ve tamamen yumuşayana kadar yaklaşık 20 dakika buharda pişirin. Süzün ve soğumaya bırakın, ardından kalan suyu bir kurulama beziyle sıkın. Pırasaları bir mutfak robotunda, iyice doğranana ancak yumuşak olmayana kadar birkaç kez çekerek işleyin. Pırasayı et, ekmek kırıntısı, yumurta, 1¼ çay kaşığı tuz ve 1 çay kaşığı karabiberle birlikte geniş bir karıştırma kabına koyun. Karışımı kabaca 2¾ x ¾ inç / 7 x 2 cm boyutunda düz köfteler haline getirin; bu 8 eder. 30 dakika buzdolabında saklayın.

b) Kapağı olan büyük, kalın tabanlı bir tavada yağı orta-yüksek ateşte ısıtın. Köftelerin her iki tarafını da altın rengi kahverengi olana kadar kızartın; gerekirse bu, gruplar halinde yapılabilir.

c) Tavayı bir kağıt havluyla silin ve ardından köfteleri tabana, gerekirse hafifçe üst üste gelecek şekilde yerleştirin. Köftelerin neredeyse tamamını kaplayacak kadar et suyu dökün. Limon suyunu ve yarım çay kaşığı tuzu ekleyin. Kaynatın, ardından kapağını kapatın ve 30 dakika boyunca yavaşça pişirin. Kapağı çıkarın ve gerekirse sıvının neredeyse tamamı buharlaşana kadar birkaç dakika daha pişirin. Tavayı ocaktan alın ve soğuması için bir kenara koyun.

d) Köfteleri ılık veya oda sıcaklığında, bir parça yoğurt ve bir tutam maydanozla birlikte servis edin.

23. Hannuka Alabaş Salatası

Yapım: 4

İÇİNDEKİLER

- 3 orta boy alabaş (toplamda 1⅔ lb / 750 g)
- ⅓ su bardağı / 80 gr Yunan yoğurdu
- 5 yemek kaşığı / 70 gr ekşi krema
- 3 yemek kaşığı mascarpone peyniri
- 1 küçük diş sarımsak, ezilmiş
- 1½ çay kaşığı taze sıkılmış limon suyu
- 1 yemek kaşığı zeytinyağı
- 2 yemek kaşığı ince kıyılmış taze nane
- 1 çay kaşığı kuru nane
- yaklaşık 12 dal / 20 gr bebek su teresi
- ¼ çay kaşığı sumak
- tuz ve beyaz biber

TALİMATLAR

a) Alabaşları soyun, ⅔ inç / 1,5 cm'lik zarlar halinde kesin ve büyük bir karıştırma kabına koyun. Bir kenara koyun ve pansumanı yapın.

b) Orta boy bir kaseye yoğurt, ekşi krema, mascarpone, sarımsak, limon suyu ve zeytinyağını koyun. ¼ çay kaşığı tuz ve sağlıklı öğütülmüş karabiber ekleyin ve pürüzsüz hale gelinceye kadar çırpın. Sosu alabaşlara ekleyin, ardından taze ve kuru nane ile su teresinin yarısını ekleyin.

c) Yavaşça karıştırdıktan sonra servis tabağına alın. Geriye kalan su teresini de üzerine serpip sumak serpin.

24. Labneli kök sebze salatası

Yapım: 6

İÇİNDEKİLER

- 3 orta boy pancar (toplamda 1 lb / 450 g)
- 2 orta boy havuç (toplamda 9 oz / 250 g)
- ½ kereviz kökü (toplamda 10 oz / 300 g)
- 1 orta boy alabaş (toplamda 9 oz / 250 g)
- 4 yemek kaşığı taze sıkılmış limon suyu
- 4 yemek kaşığı zeytinyağı
- 3 yemek kaşığı şeri sirkesi
- 2 çay kaşığı ince şeker
- ¾ bardak / 25 gr kişniş yaprağı, iri doğranmış
- ¾ bardak / 25 gr nane yaprağı, kıyılmış
- ⅔ bardak / 20 gr düz yapraklı maydanoz yaprağı, iri kıyılmış
- ½ yemek kaşığı rendelenmiş limon kabuğu rendesi
- 1 su bardağı / 200 gr labne (mağazadan satın alınan veyatarifi gör)
- tuz ve taze çekilmiş karabiber
- Tüm sebzeleri soyun ve ince ince dilimleyin, yaklaşık 1/16 küçük acı biber, ince doğranmış

TALİMATLAR

a) Limon suyunu, zeytinyağını, sirkeyi, şekeri ve 1 çay kaşığı tuzu küçük bir tencereye koyun. Hafif bir kaynamaya getirin ve şeker ve tuz eriyene kadar karıştırın. Isıdan çıkarın.

b) Sebze şeritlerini boşaltın ve iyice kuruması için bir kağıt havluya aktarın. Kaseyi kurutun ve sebzeleri değiştirin. Sıcak sosu sebzelerin üzerine dökün, iyice karıştırın ve soğumaya bırakın. En az 45 dakika buzdolabında bekletin.

c) Servis etmeye hazır olduğunuzda salataya otlar, limon kabuğu rendesi ve 1 çay kaşığı karabiber ekleyin. İyice karıştırın, tadın ve gerekirse daha fazla tuz ekleyin. Servis tabaklarına paylaştırıp, yanında labne ile servis yapın.

25. Sarımsaklı kızarmış domates

Şunları yapar: 2 ila 4

İÇİNDEKİLER
- 3 büyük diş sarımsak, ezilmiş
- ½ küçük acı biber, ince doğranmış
- 2 yemek kaşığı kıyılmış düz yapraklı maydanoz
- 3 büyük, olgun fakat sert domates (toplamda yaklaşık 1 lb / 450 g)
- 2 yemek kaşığı zeytinyağı
- Maldon deniz tuzu ve taze çekilmiş karabiber
- rustik ekmek, servis etmek için

TALİMATLAR
a) Sarımsak, şili ve kıyılmış maydanozu küçük bir kasede karıştırın ve bir kenara koyun. Domateslerin üstünü ve kuyruğunu kesin ve dikey olarak yaklaşık ⅔ inç / 1,5 cm kalınlığında dilimler halinde dilimleyin.

b) Yağı büyük bir tavada orta ateşte ısıtın. Domates dilimlerini ekleyin, tuz ve karabiberle tatlandırın ve yaklaşık 1 dakika pişirin, sonra ters çevirin, tekrar tuz ve karabiberle tatlandırın ve sarımsak karışımını serpin. Tavayı ara sıra sallayarak bir dakika kadar daha pişirmeye devam edin, ardından dilimleri tekrar çevirin ve yumuşak ama yumuşak olmayana kadar birkaç saniye daha pişirin.

c) Domatesleri servis tabağına ters çevirin, tavadaki suyunu üzerine dökün ve hemen ekmekle birlikte servis yapın.

26. Yoğurtlu ve za'atarlı pancar püresi

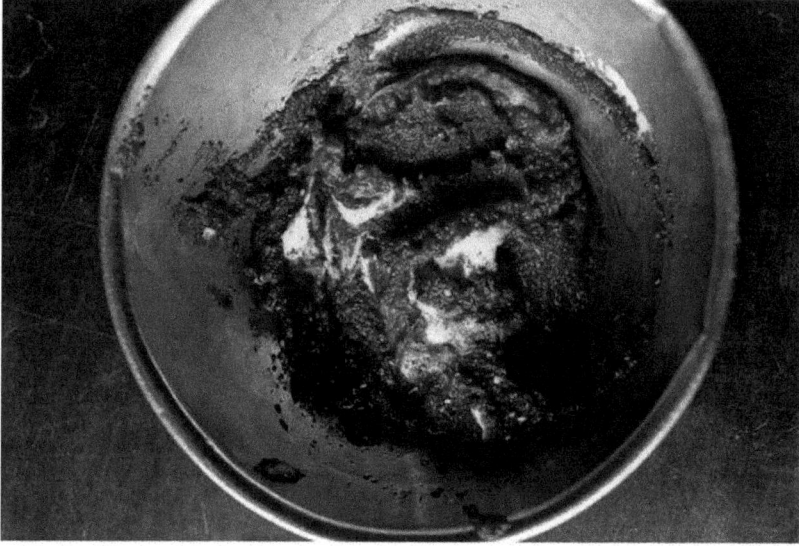

Yapım: 6

İÇİNDEKİLER

- 2 lb / 900 g orta boy pancar (pişirilip soyulduktan sonra toplamda yaklaşık 1 lb / 500 g)
- 2 diş sarımsak, ezilmiş
- 1 küçük kırmızı şili, çekirdeği çıkarılmış ve ince doğranmış
- yuvarlak 1 bardak / 250 gr Yunan yoğurdu
- 1½ yemek kaşığı hurma şurubu
- 3 yemek kaşığı zeytinyağı ve yemeği bitirmek için ekstra
- 1 yemek kaşığı za'atar
- tuz
- SÜSLEMEK İÇİN
- 2 yeşil soğan, ince dilimlenmiş
- 2 yemek kaşığı / 15 gr kavrulmuş fındık, iri ezilmiş
- 2 oz / 60 gr yumuşak keçi sütü peyniri, ufalanmış

TALİMATLAR

a) Fırını önceden 400°F / 200°C'ye ısıtın.

b) Pancarları yıkayın ve bir kızartma tavasına koyun. Bunları fırına koyun ve bir bıçak kolayca ortasına kayana kadar kapağı açık olarak yaklaşık 1 saat pişirin. İşlenecek kadar soğuduktan sonra pancarları soyun ve her birini yaklaşık 6 parçaya bölün. Soğumaya bırakın.

c) Pancar, sarımsak, şili ve yoğurdu bir mutfak robotuna yerleştirin ve pürüzsüz bir macun elde edinceye kadar karıştırın. Büyük bir karıştırma kabına aktarın ve hurma şurubu, zeytinyağı, za'atar ve 1 çay kaşığı tuzu ilave ederek karıştırın. İsterseniz tadın ve daha fazla tuz ekleyin.

d) Karışımı düz bir servis tabağına aktarın ve kaşığın arkasını kullanarak tabağın her tarafına yayın. Yeşil soğanı, fındığı ve peyniri üstüne serpin ve son olarak üzerine biraz yağ gezdirin. Oda sıcaklığında servis yapın.

27. İsviçre pazı böreği

Şunu yapar: 4 BAŞLANGIÇ OLARAK

İÇİNDEKİLER

- 14 oz / 400 g İsviçre pazı yaprakları, beyaz sapları çıkarılmış
- 1 oz / 30 gr düz yapraklı maydanoz
- ⅔ oz / 20 gr kişniş
- ⅔ oz / 20 gr dereotu
- 1½ çay kaşığı rendelenmiş hindistan cevizi
- ½ çay kaşığı şeker
- 3 yemek kaşığı çok amaçlı un
- 2 diş sarımsak, ezilmiş
- 2 büyük serbest gezinen yumurta
- 3 oz / 80 gr beyaz peynir, küçük parçalara bölünmüş
- 4 yemek kaşığı / 60 ml zeytinyağı
- 1 limon, 4 dilime kesilmiş
- tuz ve taze çekilmiş karabiber

TALİMATLAR

a) Büyük bir tencerede tuzlu suyu kaynatın, pazıyı ekleyin ve 5 dakika pişirin. Yaprakları boşaltın ve tamamen kuruyana kadar iyice sıkın. Otlar, küçük hindistan cevizi, şeker, un, sarımsak, yumurta, ¼ çay kaşığı tuz ve biraz karabiberle birlikte bir mutfak robotuna yerleştirin. Pürüzsüz olana kadar çırpın ve ardından beyaz peyniri karışıma elle katlayın.

b) Orta boy bir tavaya 1 yemek kaşığı yağı dökün. Orta-yüksek ateşte yerleştirin ve her börek için bir çorba kaşığı karışımdan kaşıkla dökün. 2¾ inç / 7 cm genişliğinde ve ⅜ inç / 1 cm kalınlığında bir hamur elde etmek için hafifçe bastırın. Bir seferde yaklaşık 3 börek sığdırabilmeniz gerekir. Börekleri bir kez çevirerek, biraz renk alana kadar toplamda 3 ila 4 dakika pişirin.

c) Kağıt havlulara aktarın, ardından kalan karışımı pişirirken her partiyi sıcak tutun ve kalan yağı gerektiği kadar ekleyin. Hemen limon dilimleriyle birlikte servis yapın.

28. Baharatlı Nohut & Sebze Salatası

Yapım: 4

İÇİNDEKİLER

- ½ su bardağı / 100 gr kuru nohut
- 1 çay kaşığı kabartma tozu
- 2 küçük salatalık (toplamda 10 oz / 280 g)
- 2 büyük domates (toplamda 10½ oz / 300 g)
- 8½ oz / 240 gr turp
- 1 kırmızı biber, çekirdeği çıkarılmış ve kaburgaları çıkarılmış
- 1 küçük kırmızı soğan, soyulmuş
- ⅔ oz / 20 g kişniş yaprakları ve sapları, iri doğranmış
- ½ oz / 15 gr düz yapraklı maydanoz, iri kıyılmış
- 6 yemek kaşığı / 90 ml zeytinyağı
- 1 limonun rendelenmiş kabuğu ve 2 yemek kaşığı meyve suyu
- 1½ yemek kaşığı şeri sirkesi
- 1 diş sarımsak, ezilmiş
- 1 çay kaşığı ince şeker
- 1 çay kaşığı öğütülmüş kakule
- 1½ çay kaşığı öğütülmüş yenibahar
- 1 çay kaşığı öğütülmüş kimyon
- Yunan yoğurdu (isteğe bağlı)
- tuz ve taze çekilmiş karabiber

TALİMATLAR

a) Kurutulmuş nohutları büyük bir kapta bol soğuk su ve karbonatla bir gece önceden ıslatın. Ertesi gün süzün, büyük bir tencereye koyun ve nohutların hacminin iki katı kadar suyla kaplayın. Kaynatın ve tamamen yumuşayana kadar yaklaşık bir saat kadar köpüğünü alarak pişirin, ardından süzün.

b) Salatalığı, domatesi, turpu ve biberi ⅔ inç / 1,5 cm'lik zarlar halinde kesin; soğanı ¼ inç / 0,5 cm'lik zarlar halinde kesin. Hepsini bir kapta kişniş ve maydanozla karıştırın.

c) Bir kavanoz veya kapatılabilir kapta 5 yemek kaşığı / 75 ml zeytinyağı, limon suyu ve kabuğu rendesi, sirke, sarımsak ve şekeri karıştırın ve bir sos oluşturmak için iyice karıştırın, ardından tuz ve karabiberle tatlandırın. Sosu salatanın üzerine dökün ve hafifçe karıştırın.

d) Kakule, yenibahar, kimyon ve ¼ çay kaşığı tuzu karıştırıp bir tabağa yayın. Pişmiş nohutları iyice kaplayacak şekilde birkaç parti halinde baharat karışımına atın. Kalan zeytinyağını bir tavada orta ateşte ısıtın ve nohutları 2-3 dakika kadar hafifçe kızartın, tavayı hafifçe sallayarak eşit şekilde pişmesini ve yapışmamasını sağlayın. Sıcak tutun.

e) Salatayı geniş bir daire şeklinde düzenleyerek dört tabağa paylaştırın ve üzerine sıcak baharatlı nohutları salatanın kenarlarını açık kalacak şekilde kaşıklayın. Salatayı kremsi hale getirmek için üzerine biraz Yunan yoğurdu gezdirebilirsiniz.

29. Bulgurlu Yoğurtlu Chermoula Patlıcan

Yapar: 4 ANA YEMEK OLARAK

İÇİNDEKİLER

- 2 diş sarımsak, ezilmiş
- 2 çay kaşığı öğütülmüş kimyon
- 2 çay kaşığı öğütülmüş kişniş
- 1 çay kaşığı şili gevreği
- 1 çay kaşığı tatlı kırmızı biber
- 2 yemek kaşığı ince kıyılmış korunmuş limon kabuğu (mağazadan satın alınmış veyatarifi gör)
- ⅔ su bardağı / 140 ml zeytinyağı, ayrıca bitirmek için ekstra
- 2 orta boy patlıcan
- 1 su bardağı / 150 gr ince bulgur
- ⅔ su bardağı / 140 ml kaynar su
- ⅓ su bardağı / 50 gr altın kuru üzüm
- 3½ yemek kaşığı / 50 ml ılık su
- ⅓ oz / 10 g kişniş, doğranmış, ayrıca bitirmek için ekstra
- ⅓ oz / 10 gr nane, doğranmış
- ⅓ su bardağı / 50 gr çekirdeği çıkarılmış yeşil zeytin, ikiye bölünmüş
- ⅓ bardak / 30 gr dilimlenmiş badem, kızartılmış
- 3 yeşil soğan, doğranmış
- 1½ yemek kaşığı taze sıkılmış limon suyu
- ½ bardak / 120 gr Yunan yoğurdu
- tuz

TALİMATLAR

a) Fırını önceden 400°F / 200°C'ye ısıtın.

b) Chermoula'yı yapmak için küçük bir kasede sarımsak, kimyon, kişniş, kırmızı biber, kırmızı biber, konserve limon, zeytinyağının üçte ikisi ve ½ çay kaşığı tuzu karıştırın.

c) Patlıcanları uzunlamasına ikiye bölün. Cildi delmemeye dikkat ederek, her yarının etini derin, çapraz çapraz puanlarla puanlayın. Chermoula'yı her iki yarının üzerine eşit şekilde yayarak kaşıkla dökün ve kesilmiş tarafı yukarı bakacak şekilde bir fırın tepsisine yerleştirin. Fırına verip 40 dakika veya patlıcanlar tamamen yumuşayana kadar kızartın.

d) Bu arada bulguru geniş bir kaseye koyun ve üzerini kaynar suyla doldurun.

e) Kuru üzümleri ılık suda bekletin. 10 dakika sonra kuru üzümleri süzün ve kalan yağla birlikte bulgura ekleyin. Otları, zeytinleri, bademleri, yeşil soğanları, limon suyunu ve bir tutam tuzu ekleyip karıştırın. Tadına bakın ve gerekirse daha fazla tuz ekleyin.

f) Patlıcanları ılık veya oda sıcaklığında servis edin. Her bir tabağa ½ patlıcanı kesilmiş tarafı yukarı bakacak şekilde yerleştirin. Bulguru kaşıkla üstüne dökün, bir kısmının her iki taraftan düşmesine izin verin. Üzerine biraz yoğurt dökün, üzerine kişniş serpin ve biraz yağ ile tamamlayın.

30. Tahinli kızarmış karnabahar

Yapım: 6

İÇİNDEKİLER

- 2 su bardağı / 500 ml ayçiçek yağı
- 2 orta boy karnabahar (toplamda 2¼ lb / 1 kg), küçük çiçeklere bölünmüş
- Her biri 3 uzun parçaya bölünmüş 8 yeşil soğan
- ¾ su bardağı / 180 gr light tahin ezmesi
- 2 diş sarımsak, ezilmiş
- ¼ bardak / 15 gr düz yapraklı maydanoz, doğranmış
- ¼ bardak / 15 gr kıyılmış nane, ayrıca bitirmek için ekstra
- ⅔ su bardağı / 150 gr Yunan yoğurdu
- ¼ bardak / 60ml taze sıkılmış limon suyu ve 1 limonun rendelenmiş kabuğu
- 1 çay kaşığı nar pekmezi, ayrıca bitirmek için ekstra
- yaklaşık ¾ bardak / 180 ml su
- Maldon deniz tuzu ve taze çekilmiş karabiber

TALİMATLAR

a) Ayçiçek yağını orta-yüksek ateşte yerleştirilmiş büyük bir tencerede ısıtın. Bir çift metal maşa veya metal bir kaşık kullanarak, birkaç karnabahar çiçeğini dikkatlice yağın içine yerleştirin ve 2 ila 3 dakika pişirin, eşit şekilde renkleninceye kadar çevirin. Altın rengi kahverengi olduğunda, oluklu bir kaşık kullanarak çiçekleri süzmek üzere bir kevgir içine kaldırın. Biraz tuz serpin. Karnabaharın tamamını bitirene kadar gruplar halinde devam edin. Daha sonra yeşil soğanları gruplar halinde kızartın, ancak yalnızca 1 dakika kadar kızartın. Karnabahara ekleyin. Her ikisinin de biraz soğumasına izin verin.

b) Tahin ezmesini geniş bir karıştırma kabına dökün ve üzerine sarımsak, doğranmış otlar, yoğurt, limon suyu ve kabuğu rendesi, nar pekmezi, biraz tuz ve karabiber ekleyin. Suyu ekledikçe tahta kaşıkla iyice karıştırın. Tahin sosu, su ekledikçe koyulaşacak ve daha sonra gevşeyecektir. Çok fazla eklemeyin; koyu ama pürüzsüz, akabilir, biraz bal gibi bir kıvam elde edecek kadar ekleyin.

c) Karnabaharı ve yeşil soğanı tahine ekleyip iyice karıştırın. Baharatı tadın ve ayarlayın. Ayrıca daha fazla limon suyu eklemek isteyebilirsiniz.

d) Servis etmek için servis kasesine kaşıkla alın ve birkaç damla nar pekmezi ve biraz nane ile tamamlayın.

31. Kavrulmuş Karnabahar & Fındık Salatası

Yapar: 2 ila 4

İÇİNDEKİLER

- 1 baş karnabahar, küçük çiçeklere ayrılmış (toplamda 1½ lb / 660 g)
- 5 yemek kaşığı zeytinyağı
- 1 büyük kereviz sapı, açılı olarak ¼ inç / 0,5 cm dilimler halinde kesilmiş (⅔ fincan / toplam 70 g)
- 5 yemek kaşığı / 30 gr fındık, kabuklarıyla birlikte
- ⅓ bardak / 10 gr küçük, düz yapraklı maydanoz yaprakları (toplanmış)
- ⅓ bardak / 50 gr nar taneleri (yaklaşık ½ orta boy nardan)
- cömert ¼ çay kaşığı öğütülmüş tarçın
- cömert ¼ çay kaşığı öğütülmüş yenibahar
- 1 yemek kaşığı şeri sirkesi
- 1½ çay kaşığı akçaağaç şurubu
- tuz ve taze çekilmiş karabiber

TALİMATLAR

a) Fırını önceden 425°F / 220°C'ye ısıtın.

b) Karnabaharı 3 yemek kaşığı zeytinyağı, ½ çay kaşığı tuz ve biraz karabiberle karıştırın. Bir kızartma tavasına yayın ve karnabahar gevrekleşinceye ve bazı kısımları altın rengi kahverengiye dönene kadar 25 ila 35 dakika boyunca üst fırın rafında kızartın. Geniş bir karıştırma kabına alıp soğuması için bir kenara bırakın.

c) Fırın sıcaklığını 325°F / 170°C'ye düşürün. Fındıkları parşömen kağıdıyla kaplı bir fırın tepsisine yayın ve 17 dakika kızartın.

d) Fındıkları biraz soğumaya bırakın, ardından irice doğrayın ve kalan yağ ve diğer malzemelerle birlikte karnabahara ekleyin. Uygun şekilde karıştırın, tadın ve tuz ve karabiberle tatlandırın. Oda sıcaklığında servis yapın.

32. A'ja (ekmek börek)

Yapar: HAKKINDA 8 BÖRTLEME

İÇİNDEKİLER

- 4 beyaz ekmek dilimi, kabukları alınmış (toplamda 3 oz / 80 g)
- 4 adet ekstra büyük serbest gezinen yumurta
- 1½ çay kaşığı öğütülmüş kimyon
- ½ çay kaşığı tatlı kırmızı biber
- ¼ çay kaşığı acı biber
- 1 oz / 25 gr frenk soğanı, doğranmış
- 1 oz / 25 gr düz yapraklı maydanoz, doğranmış
- ⅓ oz / 10 gr tarhun, doğranmış
- 1½ oz / 40 gr beyaz peynir, ufalanmış
- kızartmak için ayçiçek yağı
- tuz ve taze çekilmiş karabiber

TALİMATLAR

a) Ekmeği bol soğuk suda 1 dakika bekletin, ardından iyice sıkın.

b) Islatılmış ekmeği orta boy bir kasede ufalayın, ardından yumurtaları, baharatları, ½ çay kaşığı tuzu ve ¼ çay kaşığı biberi ekleyip iyice çırpın. Kıyılmış otları ve beyaz peynirleri karıştırın.

c) Orta-yüksek ateşte orta boy bir tavada 1 yemek kaşığı yağı ısıtın. Her bir börek için tavanın ortasına yaklaşık 3 yemek kaşığı karışımdan dökün ve kaşığın alt tarafını kullanarak düzleştirin; börekler 2 ila 3 cm kalınlığında / ¾ ila 1¼ inç olmalıdır. Böreklerin her iki tarafını da altın rengi kahverengi olana kadar 2 ila 3 dakika kızartın. Kalan meyilli ile tekrarlayın. Yaklaşık 8 börek almalısınız.

d) Alternatif olarak, büyük bir omlet yapar gibi hamurun tamamını aynı anda kızartabilirsiniz. Sıcak veya oda sıcaklığında dilimleyip servis yapın.

33. Baharatlı havuç salatası

Yapım: 4

İÇİNDEKİLER

- 6 büyük havuç, soyulmuş (toplamda yaklaşık 1½ lb / 700 g)
- 3 yemek kaşığı ayçiçek yağı
- 1 büyük soğan, ince doğranmış (2 su bardağı / toplam 300 gr)
- 1 yemek kaşığıPilpelçumaveya 2 yemek kaşığı harissa (mağazadan satın alınan veyatarifi gör)
- ½ çay kaşığı öğütülmüş kimyon
- ½ çay kaşığı taze çekilmiş kimyon tohumu
- ½ çay kaşığı şeker
- 3 yemek kaşığı elma sirkesi
- 1½ su bardağı / 30 gr roka yaprağı
- tuz

TALİMATLAR

a) Havuçları büyük bir tencereye koyun, üzerini suyla örtün ve kaynatın. Isıyı azaltın, kapağını kapatın ve havuçlar yumuşayana kadar yaklaşık 20 dakika pişirin. Süzün ve elle tutulacak kadar soğuduktan sonra ¼ inç / 0,5 cm dilimler halinde kesin.

b) Havuçlar pişerken yağın yarısını büyük bir tavada ısıtın. Soğanı ekleyin ve orta ateşte, altın rengi kahverengi olana kadar 10 dakika pişirin.

c) Kızartılmış soğanı geniş bir karıştırma kabına alın ve pilpelchuma, kimyon, kimyon, ¾ çay kaşığı tuz, şeker, sirke ve kalan yağı ekleyin. Havuçları ekleyin ve iyice atın. Aromaların olgunlaşması için en az 30 dakika bekletin.

d) Salatayı geniş bir tabağa yerleştirin, üzerine roka serpiştirin.

34. Hannuka$ş$akşuka

Yapar: 2 ila 4

İÇİNDEKİLER

- 2 yemek kaşığı zeytinyağı
- 2 yemek kaşığıPilpelçumaveya harissa (mağazadan satın alınan veyatarifi gör)
- 2 çay kaşığı domates salçası
- 2 büyük kırmızı biber, 0,5 cm'lik zarlar halinde kesilmiş (toplamda 2 bardak / 300 g)
- 4 diş sarımsak, ince doğranmış
- 1 çay kaşığı öğütülmüş kimyon
- 5 büyük, çok olgun domates, doğranmış (5 su bardağı / toplam 800 g); konserveler de iyidir
- 4 büyük serbest gezinen yumurta ve 4 yumurta sarısı
- ½ bardak / 120 gr labne (mağazadan satın alınan veyatarifi gör) veya kalın yoğurt
- tuz

TALİMATLAR

a) Zeytinyağını büyük bir tavada orta ateşte ısıtın ve pilpelchuma veya harissa, domates salçası, biber, sarımsak, kimyon ve ¾ çay kaşığı tuzu ekleyin. Biberlerin yumuşamasını sağlamak için yaklaşık 8 dakika orta ateşte karıştırın ve pişirin. Domatesleri ekleyin, hafif kaynamaya getirin ve koyu bir sos elde edene kadar 10 dakika daha pişirin. Baharat için tadın.

b) Sosa 8 küçük daldırma yapın. Yumurtaları yavaşça kırın ve her birini dikkatlice kendi sosuna dökün. Aynısını sarısı için de yapın. Yumurta aklarını bir çatal kullanarak sosla biraz karıştırın, sarılarını kırmamaya dikkat edin. Yumurta akları sertleşene ancak sarıları hala akıcı olana kadar 8 ila 10 dakika yavaşça pişirin (işlemi hızlandırmak istiyorsanız tavayı bir kapakla kapatabilirsiniz).

c) Ocaktan alın, birkaç dakika dinlenmeye bırakın, ardından tabaklara kaşıkla koyun ve labne veya yoğurtla birlikte servis yapın.

35. Balkabagi ve Tahinli Ezme

Yapar: 6 ila 8

İÇİNDEKİLER

- 1 adet çok büyük Balkabağı (yaklaşık 2½ lb / 1,2 kg), soyulmuş ve parçalar halinde kesilmiş (toplamda 7 bardak / 970 g)
- 3 yemek kaşığı zeytinyağı
- 1 çay kaşığı öğütülmüş tarçın
- 5 yemek kaşığı / 70 gr hafif tahin ezmesi
- ½ bardak / 120 gr Yunan yoğurdu
- 2 küçük diş sarımsak, ezilmiş
- 1 çay kaşığı karışık siyah ve beyaz susam (veya siyahınız yoksa sadece beyaz)
- 1½ çay kaşığı hurma şurubu
- 2 yemek kaşığı kıyılmış kişniş (isteğe bağlı)
- tuz

TALİMATLAR

a) Fırını önceden 400°F / 200°C'ye ısıtın.

b) Kabağı orta boy bir kızartma tavasına yayın. Üzerine zeytinyağını dökün ve üzerine tarçın ve ½ çay kaşığı tuz serpin. İyice karıştırın, tavayı alüminyum folyoyla sıkıca kapatın ve pişirme sırasında bir kez karıştırarak fırında 70 dakika kızartın. Fırından çıkarıp soğumaya bırakın.

c) Kabağı tahin, yoğurt ve sarımsakla birlikte mutfak robotuna aktarın. Yayılma pürüzsüz hale gelmeden her şeyin kaba bir macun halinde birleşmesi için kabaca vurun; Bunu çatal veya patates ezici kullanarak elle de yapabilirsiniz.

d) Balkabağını dalgalı bir şekilde düz bir tabağa yayın ve üzerine susam serpin, şerbetin üzerine gezdirin ve kullanıyorsanız kişniş ile tamamlayın.

36. Baharatlı Pancar, Pırasa ve Ceviz Salatası

İÇİNDEKİLER

- 4 orta boy pancar (pişirilip soyulduktan sonra toplam ⅓ lb / 600 g)
- 4 orta boy pırasa, 4 inç / 10 cm'lik dilimler halinde kesilmiş (toplamda 4 bardak / 360 g)
- ½ oz / 15 gr kişniş, iri kıyılmış
- 1¼ bardak / 25 gr roka
- ⅓ su bardağı / 50 gr nar taneleri (isteğe bağlı)
- PANSUMAN
- 1 su bardağı / 100 gr ceviz, iri kıyılmış
- 4 diş sarımsak, ince doğranmış
- ½ çay kaşığı şili gevreği
- ¼ bardak / 60 ml elma sirkesi
- 2 yemek kaşığı demirhindi suyu
- ½ çay kaşığı ceviz yağı
- 2½ yemek kaşığı fıstık yağı
- 1 çay kaşığı tuz

TALİMATLAR

a) Fırını önceden 425°F / 220°C'ye ısıtın.

b) Pancarları tek tek alüminyum folyoya sarın ve büyüklüklerine göre fırında 1 ila 1½ saat kadar kavurun. Pişirdikten sonra küçük bir bıçağı ortasına kolayca saplayabilmelisiniz. Fırından çıkarıp soğuması için bir kenara bırakın.

c) İşlenecek kadar soğuduktan sonra pancarları soyun, ikiye bölün ve her yarımı tabanda ⅜ inç / 1 cm kalınlığında dilimler halinde kesin. Orta boy bir kaseye koyun ve bir kenara koyun.

d) Pırasaları tuzlu suyla orta boy bir tencereye koyun, kaynatın ve pişene kadar 10 dakika pişirin; Parçalanmamaları için yavaşça kaynatmak ve fazla pişirmemek önemlidir. Süzün ve soğuk su altında tazeleyin, ardından çok keskin bir tırtıklı bıçak kullanarak her parçayı 3 küçük parçaya bölün ve kurulayın. Pancarlardan ayrı bir kaseye aktarın ve bir kenara koyun.

e) Sebzeler pişerken sos malzemelerini karıştırın ve tüm lezzetlerin bir araya gelmesi için en az 10 dakika bir kenarda bekletin.

f) Ceviz sosunu ve kişnişi pancar ve pırasaların arasına eşit olarak paylaştırın ve yavaşça atın. Her ikisini de tadın ve gerekirse daha fazla tuz ekleyin.

g) Salatayı bir araya getirmek için, pancarların çoğunu servis tabağına yayın, üzerine biraz roka ekleyin, ardından pırasanın çoğunu, ardından kalan pancarları ekleyin ve daha fazla pırasa ve roka ile tamamlayın. Kullanıyorsanız üzerine nar taneleri serpip servis yapın.

37. Domatesli Kömür Bamya

Şunları yapar: 2 YAN YEMEK OLARAK

İÇİNDEKİLER

- 10½ oz / 300 gr bebek veya çok küçük bamya
- 2 yemek kaşığı zeytinyağı, gerekirse daha fazlası
- 4 diş sarımsak, ince dilimlenmiş
- ⅔ oz / 20 g korunmuş limon kabuğu (mağazadan satın alınan veyatarifi gör), ⅜ inç / 1 cm'lik dilimler halinde kesin
- 3 küçük domates (toplamda 7 oz / 200 g), 8 dilime kesilmiş veya yarıya bölünmüş kiraz domates
- 1½ çay kaşığı kıyılmış düz yapraklı maydanoz
- 1½ çay kaşığı kıyılmış kişniş
- 1 yemek kaşığı taze sıkılmış limon suyu
- Maldon deniz tuzu ve taze çekilmiş karabiber

TALİMATLAR

a) Küçük, keskin bir meyve bıçağı kullanarak, bamya kabuklarını kesin ve tohumların açığa çıkmaması için kabuğun hemen üzerindeki sapı çıkarın.

b) Büyük, kalın tabanlı bir kızartma tavasını yüksek ateşe yerleştirin ve birkaç dakika bekletin. Neredeyse kızarmaya başladığında, bamyayı iki parti halinde atın ve tavayı ara sıra sallayarak parti başına 4 dakika boyunca kuru pişirin. Bamya kabukları ara sıra koyu renkli kabarcıklara sahip olmalıdır.

c) Kömürleşmiş bamyanın tamamını tavaya koyun ve zeytinyağını, sarımsağı ve korunmuş limonu ekleyin. Tavayı sallayarak 2 dakika kadar kızartın. Isıyı orta dereceye düşürün ve domatesleri, 2 yemek kaşığı suyu, doğranmış otları, limon suyunu, ½ çay kaşığı tuzu ve biraz karabiberi ekleyin. Domateslerin dağılmaması için her şeyi yavaşça karıştırın ve domatesler ısınana kadar 2 ila 3 dakika pişmeye devam edin. Servis tabağına alın, üzerine biraz daha zeytinyağı gezdirin, bir tutam tuz ekleyip servis yapın.

38. Nar Çekirdeği ile Közlenmiş Patlıcan

Yapım: 4 MEZE TABAĞININ PARÇASI OLARAK
İÇİNDEKİLER
- 4 büyük patlıcan (pişirmeden önce 3¼ lb / 1,5 kg; eti yakılıp süzüldükten sonra 2½ bardak / 550 g)
- 2 diş sarımsak, ezilmiş
- 1 limonun rendelenmiş kabuğu ve 2 yemek kaşığı taze sıkılmış limon suyu
- 5 yemek kaşığı zeytinyağı
- 2 yemek kaşığı kıyılmış düz yapraklı maydanoz
- 2 yemek kaşığı kıyılmış nane
- ½ büyük nar taneleri (½ su bardağı / toplam 80 gr)
- tuz ve taze çekilmiş karabiber

TALİMATLAR
a) Gaz ocağınız varsa, korumak için tabanını alüminyum folyo ile kaplayın ve yalnızca ocakları açıkta bırakın. Patlıcanları doğrudan orta ateşteki dört ayrı gaz ocağına yerleştirin ve kabukları yanana ve pul pul oluncaya ve etler yumuşayana kadar 15 ila 18 dakika kızartın. Ara sıra döndürmek için metal maşa kullanın. Alternatif olarak, patlıcanları birkaç yerinden bıçakla yaklaşık ¾ inç / 2 cm derinliğinde çizin ve yaklaşık bir saat boyunca sıcak bir ızgara altında bir fırın tepsisine yerleştirin. Her 20 dakikada bir çevirin ve patlayıp kırılsalar bile pişirmeye devam edin.

b) Patlıcanları ocaktan alıp biraz soğumasını bekleyin. İşlenecek kadar soğuduktan sonra, her patlıcanın kenarından bir delik açın ve yumuşak etini çıkarın, ellerinizle uzun ince şeritlere bölün. Cildi atın. Mümkün olduğu kadar fazla sudan kurtulmak için eti bir kevgir içinde en az bir saat, tercihen daha uzun süre süzün.

c) Patlıcan posasını orta boy bir kaseye koyun ve sarımsak, limon kabuğu rendesi ve suyu, zeytinyağı, ½ çay kaşığı tuz ve iyice öğütülmüş karabiber ekleyin. Karıştırın ve patlıcanın oda sıcaklığında en az bir saat marine olmasına izin verin.

d) Servis etmeye hazır olduğunuzda, baharatların çoğunu ekleyin ve baharatların tadına bakın. Servis tabağına üst üste dizin, üzerine nar tanelerini serpin ve kalan otlarla süsleyin.

39. Maydanoz ve Arpa Salatası

Yapım: 4

İÇİNDEKİLER

- ¼ bardak / 40 gr inci arpa
- 5 oz / 150 gr beyaz peynir
- 5½ yemek kaşığı zeytinyağı
- 1 çay kaşığı za'atar
- ½ çay kaşığı kişniş tohumu, hafifçe kızartılmış ve ezilmiş
- ¼ çay kaşığı öğütülmüş kimyon
- 3 oz / 80 gr düz yapraklı maydanoz, yapraklar ve ince saplar
- 4 adet yeşil soğan, ince doğranmış (⅓ su bardağı / toplam 40 gr)
- 2 diş sarımsak, ezilmiş
- ⅓ bardak / 40 gr kaju fıstığı, hafifçe kızartılmış ve kabaca ezilmiş
- 1 yeşil biber, çekirdekleri çıkarılmış ve ⅜ inç / 1 cm'lik zarlar halinde kesilmiş
- ½ çay kaşığı öğütülmüş yenibahar
- 2 yemek kaşığı taze sıkılmış limon suyu
- tuz ve taze çekilmiş karabiber

TALİMATLAR

a) İnci arpayı küçük bir tencereye koyun, üzerini bol suyla örtün ve yumuşayana kadar ama bir ısırıkla 30 ila 35 dakika kaynatın. İnce bir eleğe dökün, tüm suyu çıkarmak için sallayın ve büyük bir kaseye aktarın.

b) Beyaz peyniri yaklaşık ¾ inç / 2 cm boyutunda kaba parçalara bölün ve küçük bir kasede 1½ yemek kaşığı zeytinyağı, za'atar, kişniş tohumu ve kimyonla karıştırın. Yavaşça karıştırın ve salatanın geri kalanını hazırlarken marine etmeye bırakın.

c) Maydanozu ince ince kıyın ve yeşil soğan, sarımsak, kaju fıstığı, biber, yenibahar, limon suyu, kalan zeytinyağı ve pişmiş arpa ile birlikte bir kaseye koyun. İyice karıştırın ve tadına göre baharatlayın. Servis yapmak için salatayı dört tabağa bölün ve üzerine marine edilmiş beyaz peynir ekleyin.

40. Bol kabak ve domates salatası

Yapım: 6

İÇİNDEKİLER

- 8 soluk yeşil kabak veya normal kabak (toplamda yaklaşık 2¼ lb / 1 kg)
- 5 büyük, çok olgun domates (toplamda 1¾ lb / 800 g)
- 3 yemek kaşığı zeytinyağı, artı bitirmek için ekstra
- 2½ bardak / 300 gr Yunan yoğurdu
- 2 diş sarımsak, ezilmiş
- 2 kırmızı biber, çekirdeği çıkarılmış ve doğranmış
- 1 orta boy limonun rendelenmiş kabuğu ve 2 yemek kaşığı taze sıkılmış limon suyu
- 1 yemek kaşığı hurma şurubu, artı bitirmek için ekstra
- 2 su bardağı / 200 gr ceviz, iri kıyılmış
- 2 yemek kaşığı kıyılmış nane
- ⅔ oz / 20 gr düz yapraklı maydanoz, doğranmış
- tuz ve taze çekilmiş karabiber

TALİMATLAR

a) Fırını önceden 425°F / 220°C'ye ısıtın. Yüksek ateşte çıkıntılı bir ızgara tavası yerleştirin.

b) Kabakları ayıklayıp uzunlamasına ikiye bölün. Domatesleri de ikiye bölün. Kabak ve domateslerin kesilmiş tarafını zeytinyağıyla yağlayın ve tuz ve karabiberle tatlandırın.

c) Şu ana kadar ızgara tavası çok sıcak olmalı. Kabak ile başlayın. Birkaçını tavaya yerleştirin, tarafı aşağı gelecek şekilde kesin ve 5 dakika pişirin; kabakların bir tarafı güzelce kızartılmalıdır. Şimdi kabakları çıkarın ve aynı işlemi domateslerle tekrarlayın. Sebzeleri bir kızartma tavasına koyun ve kabaklar iyice yumuşayana kadar yaklaşık 20 dakika fırında bekletin.

d) Tavayı fırından çıkarın ve sebzelerin biraz soğumasını bekleyin. Bunları irice doğrayın ve 15 dakika boyunca bir kevgir içinde süzülmeye bırakın.

e) Yoğurt, sarımsak, şili, limon kabuğu rendesi, meyve suyu ve pekmezi geniş bir karıştırma kabında çırpın. Doğranmış sebzeleri, cevizi, naneyi ve maydanozun çoğunu ekleyin ve iyice karıştırın. ¾ çay kaşığı tuz ve biraz karabiber ekleyin.

f) Salatayı geniş, sığ bir servis tabağına aktarın ve yayın. Kalan maydanozla süsleyin. Son olarak üzerine biraz hurma pekmezi ve zeytinyağı gezdirin.

41. tabbouleh

Yapar: 4 Cömertçe

İÇİNDEKİLER

- ½ su bardağı / 30 gr ince bulgur
- 2 büyük domates, olgun fakat sert (toplamda 10½ oz / 300 g)
- 1 arpacık soğan, ince doğranmış (3 yemek kaşığı / toplam 30 gr)
- 3 yemek kaşığı taze sıkılmış limon suyu ve bitirmek için biraz daha fazla
- 4 büyük demet düz yapraklı maydanoz (toplamda 5½ oz / 160 g)
- 2 demet nane (toplamda 1 oz / 30 gr)
- 2 çay kaşığı öğütülmüş yenibahar
- 1 çay kaşığı baharat karışımı (mağazadan satın alınan veyatarifi gör)
- ½ bardak / 80 ml birinci kalite zeytinyağı
- yaklaşık ½ büyük nar çekirdeği (½ bardak / toplam 70 g), isteğe bağlı
- tuz ve taze çekilmiş karabiber

TALİMATLAR

a) Bulguru ince bir süzgecin içine koyun ve içinden ge̶
görünene ve nişastanın çoğu çıkana kadar soğuk suyu̶
tutun. Büyük bir karıştırma kabına aktarın.

b) Domatesleri 0,5 cm kalınlığında dilimler halinde kesmek içı̶
küçük bir tırtıklı bıçak kullanın. Her dilimi ¼ inç / 0,5 cm'lik şeritler
halinde ve ardından zar halinde kesin. Domatesleri ve sularını,
arpacık soğanı ve limon suyuyla birlikte kaseye ekleyin ve iyice
karıştırın.

c) Birkaç dal maydanoz alın ve bunları sıkıca bir araya toplayın.
Sapların çoğunu kesmek ve atmak için büyük, çok keskin bir bıçak
kullanın. Şimdi bıçağı kullanarak sapları ve yaprakları yukarı
doğru hareket ettirin, maydanozu mümkün olduğu kadar ince
parçalamak için bıçağı yavaş yavaş "besleyin" ve 1/16 inç / 1
mm'den daha geniş parçaları kesmekten kaçının. Kaseye ekleyin.

d) Nane yapraklarını saplarından ayırın, birkaç tanesini sıkıca
toplayın ve maydanoz gibi ince ince doğrayın; Renkleri solmaya
eğilimli olduğundan onları çok fazla doğramayın. Kaseye ekleyin.

e) Son olarak yenibaharı, baharatı, zeytinyağını, varsa narı, biraz tuz
ve karabiberi ekleyin. Tadına bakın ve isterseniz daha fazla tuz ve
karabiber, muhtemelen biraz limon suyu ekleyin ve servis yapın.

Karamel ve kuru erik ile kavrulmuş patates

42. Karamel ve kuru erik ile kavrulmuş patates

TALİMATLAR

a) Bulguru ince bir süzgecin içine koyun ve içinden gelen su berrak görünene ve nişastanın çoğu çıkana kadar soğuk suyun altında tutun. Büyük bir karıştırma kabına aktarın.

b) Domatesleri 0,5 cm kalınlığında dilimler halinde kesmek için küçük bir tırtıklı bıçak kullanın. Her dilimi ¼ inç / 0,5 cm'lik şeritler halinde ve ardından zar halinde kesin. Domatesleri ve sularını, arpacık soğanı ve limon suyuyla birlikte kaseye ekleyin ve iyice karıştırın.

c) Birkaç dal maydanoz alın ve bunları sıkıca bir araya toplayın. Sapların çoğunu kesmek ve atmak için büyük, çok keskin bir bıçak kullanın. Şimdi bıçağı kullanarak sapları ve yaprakları yukarı doğru hareket ettirin, maydanozu mümkün olduğu kadar ince parçalamak için bıçağı yavaş yavaş "besleyin" ve 1/16 inç / 1 mm'den daha geniş parçaları kesmekten kaçının. Kaseye ekleyin.

d) Nane yapraklarını saplarından ayırın, birkaç tanesini sıkıca toplayın ve maydanoz gibi ince ince doğrayın; Renkleri solmaya eğilimli olduğundan onları çok fazla doğramayın. Kaseye ekleyin.

e) Son olarak yenibaharı, baharatı, zeytinyağını, varsa narı, biraz tuz ve karabiberi ekleyin. Tadına bakın ve isterseniz daha fazla tuz ve karabiber, muhtemelen biraz limon suyu ekleyin ve servis yapın.

Yapım: 4

İÇİNDEKİLER

- 2¼ lb / 1 kg unlu patates, örneğin kızıl kahverengi
- ½ su bardağı / 120 ml kaz yağı
- 5 oz / 150 g bütün yumuşak Agen kuru erik, çekirdekleri çıkarılmış
- ½ su bardağı / 90 gr ince şeker
- 3½ yemek kaşığı / 50 ml buzlu su
- tuz

TALİMATLAR

a) Fırını önceden 475°F / 240°C'ye ısıtın.

b) Patatesleri soyun, küçükleri bütün bırakın ve büyükleri yarıya bölün, böylece yaklaşık 2 oz / 60 g'lık parçalar elde edersiniz. Soğuk su altında durulayın, ardından patatesleri bol miktarda taze soğuk su ile büyük bir tavaya koyun. Kaynatın ve 8 ila 10 dakika pişirin. Patatesleri iyice süzün, ardından kenarlarını pürüzlendirmek için kevgiri sallayın.

c) Kaz yağını bir kızartma tavasına yerleştirin ve fırında duman çıkana kadar yaklaşık 8 dakika ısıtın. Tavayı dikkatlice fırından çıkarın ve haşlanmış patatesleri metal maşayla sıcak yağın içine ekleyin ve bunu yaparken yağın içinde yuvarlayın. Tavayı yavaşça fırının en yüksek rafına yerleştirin ve 50 ila 65 dakika veya patateslerin dışı altın sarısı ve gevrek oluncaya kadar pişirin. Yemek pişirirken ara sıra ters çevirin.

d) Patatesler neredeyse hazır olduğunda tepsiyi fırından çıkarın ve ısıya dayanıklı bir kabın üzerine koyarak yağın çoğunu alın. ½ çay kaşığı tuz ve kuru erikleri ekleyin ve yavaşça karıştırın. 5 dakika daha fırına dönün.

e) Bu süre zarfında karamel yapın. Şekeri temiz, kalın dipli bir tencereye koyun ve kısık ateşte koyun. Karıştırmadan şekerin zengin karamel rengine dönüşmesini izleyin. Gözünüzü her zaman şekerin üzerinde tuttuğunuzdan emin olun. Bu renge ulaştığınızda tavayı ocaktan alın. Tavayı yüzünüzden güvenli bir mesafede tutarak, karamelin pişmesini önlemek için buzlu suyu hızla karamelin içine dökün. Ateşe dönün ve şeker topaklarını gidermek için karıştırın.

f) Servis yapmadan önce karameli patates ve kuru erik ile karıştırın. Servis kasesine alıp hemen yiyin.

43. Tahinli, Yoğurtlu ve Tereyağlı Çam Fıstıklı Pazı

Yapım: 4

İÇİNDEKİLER

- 2¾ lb / 1,3 kg İsviçre pazı
- 2½ yemek kaşığı / 40 gr tuzsuz tereyağı
- 2 yemek kaşığı zeytinyağı, artı bitirmek için ekstra
- 5 yemek kaşığı / 40 gr çam fıstığı
- 2 küçük diş sarımsak, çok ince dilimlenmiş
- ¼ bardak / 60 ml sek beyaz şarap
- süslemek için tatlı kırmızı biber (isteğe bağlı)
- tuz ve taze çekilmiş karabiber

TAHİN & YOĞURT SOSU

- 3½ yemek kaşığı / 50 gr hafif tahin ezmesi
- 4½ yemek kaşığı / 50 gr Yunan yoğurdu
- 2 yemek kaşığı taze sıkılmış limon suyu
- 1 diş sarımsak, ezilmiş
- 2 yemek kaşığı su

TALİMATLAR

a) Sosla başlayın. Tüm malzemeleri orta boy bir kaseye koyun, bir tutam tuz ekleyin ve pürüzsüz, yarı sert bir macun elde edene kadar küçük bir çırpma teli ile iyice karıştırın. Bir kenara koyun.

b) Beyaz pazı saplarını yeşil yapraklardan ayırmak için keskin bir bıçak kullanın ve her ikisini de ayrı tutarak ¾ inç / 2 cm genişliğinde dilimler halinde kesin. Büyük bir tencerede tuzlu suyu kaynatın ve pazı saplarını ekleyin. 2 dakika pişirin, yaprakları ekleyin ve bir dakika daha pişirin. Süzün ve soğuk su altında iyice durulayın. Suyun akmasını bekleyin ve ardından pazı tamamen kuruyana kadar ellerinizi kullanarak sıkın.

c) Tereyağının yarısını ve 2 yemek kaşığı zeytinyağını geniş bir tavaya koyun ve orta ateşte ısıtın. Isındıktan sonra çam fıstıklarını ekleyin ve altın rengini alana kadar yaklaşık 2 dakika tavaya atın. Bunları tavadan çıkarmak için oluklu bir kaşık kullanın, ardından sarımsakları atın. Altın rengi oluncaya kadar yaklaşık bir dakika pişirin. Şarabı dikkatlice (tükürecek!) dökün. Yaklaşık üçte bire düşene kadar bir dakika veya daha kısa bir süre bekletin. Pazıyı ve tereyağının geri kalanını ekleyin ve ara sıra karıştırarak pazı tamamen ısınana kadar 2 ila 3 dakika pişirin. ½ çay kaşığı tuz ve biraz karabiber ile tatlandırın.

d) Pazıları servis kaselerine paylaştırın, üzerine biraz tahin sosu dökün ve üzerine çam fıstıklarını serpin. Son olarak zeytinyağını gezdirin ve isterseniz biraz kırmızı biber serpin.

44. <u>Hannukah Sabih</u>

Yapım: 4

İÇİNDEKİLER

- 2 büyük patlıcan (toplamda yaklaşık 1⅔ lb / 750 g)
- yaklaşık 1¼ su bardağı / 300 ml ayçiçek yağı
- 4 dilim kaliteli beyaz ekmek, kızarmış veya taze ve nemli mini pide
- 1 su bardağı / 240 mlTahin sosu
- 4 büyük serbest gezinen yumurta, haşlanmış, soyulmuş ve ⅜ inç / 1 cm kalınlığında dilimler halinde kesilmiş veya dörde bölünmüş
- yaklaşık 4 yemek kaşığıZhoug
- amba veya tuzlu mango turşusu (isteğe bağlı)
- tuz ve taze çekilmiş karabiber

Kıyılmış Salata
- 2 orta boy olgun domates, ⅜ inç / 1 cm'lik zarlar halinde kesilmiş (toplamda yaklaşık 1 bardak / 200 g)
- 2 mini salatalık, ⅜ inç / 1 cm'lik zarlar halinde kesilmiş (toplamda yaklaşık 1 bardak / 120 g)
- 2 yeşil soğan, ince dilimlenmiş
- 1½ yemek kaşığı kıyılmış düz yapraklı maydanoz
- 2 çay kaşığı taze sıkılmış limon suyu
- 1½ yemek kaşığı zeytinyağı

TALİMATLAR

a) Patlıcan kabuğunu yukarıdan aşağıya doğru soymak için bir sebze soyucu kullanın, patlıcanlarda zebra benzeri siyah deri ve beyaz et şeritleri kalacak şekilde bırakın. Her iki patlıcanı da enine 1 inç / 2,5 cm kalınlığında dilimler halinde kesin. Her iki tarafına da tuz serpin, ardından bir fırın tepsisine yayın ve suyunun çıkması için en az 30 dakika bekletin. Bunları silmek için kağıt havlu kullanın.

b) Ayçiçek yağını geniş bir tavada ısıtın. Dikkatlice (yağ tükürür), patlıcan dilimlerini güzelce ve koyulaşana kadar gruplar halinde kızartın, bir kez çevirerek toplamda 6 ila 8 dakika pişirin. Partileri pişirirken gerekirse yağ ekleyin. Bittiğinde patlıcan parçalarının ortası tamamen yumuşamış olmalıdır. Tavadan çıkarın ve kağıt havluların üzerine boşaltın.

c) Tüm malzemeleri karıştırıp, tuz ve karabiberle tatlandırarak doğranmış salatayı hazırlayın.

d) Servis yapmadan hemen önce her tabağa 1 dilim ekmek veya pide koyun. Her dilimin üzerine 1 yemek kaşığı tahin sosunu dökün, ardından patlıcan dilimlerini üst üste gelecek şekilde dizin. Üzerine biraz daha tahin gezdirin ama patlıcan dilimlerini tamamen kapatmayın. Her yumurta dilimine tuz ve karabiber serpip patlıcanın üzerine dizin. Üzerine biraz daha tahin dökün ve istediğiniz kadar zhoug'ı kaşıkla dökün; dikkatli olun, hava çok sıcak! İsterseniz mango turşusunun üzerine de kaşıkla dökün. İstenirse her porsiyonun üzerine biraz kaşıkla sebze salatasını yanında servis edin.

45. Latkes

Model: 12 LATKES

İÇİNDEKİLER

- 5½ bardak / 600 g soyulmuş ve rendelenmiş, Yukon Gold gibi oldukça mumsu patates
- 2¾ bardak / 300 gr soyulmuş ve rendelenmiş yaban havucu
- ⅓ bardak / 30 gr frenk soğanı, ince doğranmış
- 4 yumurta akı
- 2 yemek kaşığı mısır nişastası
- 5 yemek kaşığı / 80 gr tuzsuz tereyağı
- 6½ yemek kaşığı / 100 ml ayçiçek yağı
- tuz ve taze çekilmiş karabiber
- ekşi krema, servis etmek için

TALİMATLAR

a) Patatesi geniş bir kapta soğuk suyla yıkayın. Bir kevgir içine boşaltın, fazla suyunu sıkın ve ardından patatesi temiz bir mutfak havlusunun üzerine yayın ve tamamen kurumasını bekleyin.

b) Geniş bir kapta patates, yaban havucu, frenk soğanı, yumurta akı, mısır nişastası, 1 çay kaşığı tuz ve bol karabiberi karıştırın.

c)

d) Tereyağının yarısını ve yağın yarısını büyük bir tavada orta-yüksek ateşte ısıtın. Ellerinizi kullanarak latke karışımından yaklaşık 2 yemek kaşığı porsiyonlar ayırın, sıvının bir kısmını çıkarmak için sıkıca sıkın ve yaklaşık 3/8 inç / 1 cm kalınlığında ve 3¼ inç / 8 cm çapında ince köfteler halinde şekillendirin. Tavaya rahatça sığdırabildiğiniz kadar mandalı dikkatlice yerleştirin, yavaşça aşağı doğru bastırın ve kaşığın arkasıyla düzeltin. Orta-yüksek ateşte her iki tarafını da 3'er dakika kızartın. Mandalların dışının tamamen kahverengi olması gerekir. Kızartılmış latkeleri yağdan çıkarın, kağıt havluların üzerine koyun ve geri kalanını pişirirken sıcak tutun. Kalan tereyağı ve yağı gerektiği kadar ekleyin. Yanında ekşi kremayla hemen servis yapın.

46. Hannukah Falafel

Yapar: YAKLAŞIK 20 TOP

İÇİNDEKİLER

- 1¼ su bardağı / 250 gr kuru nohut
- ½ orta boy soğan, ince doğranmış (½ su bardağı / toplam 80 gr)
- 1 diş sarımsak, ezilmiş
- 1 yemek kaşığı ince kıyılmış düz yapraklı maydanoz
- 2 yemek kaşığı ince kıyılmış kişniş
- ¼ çay kaşığı acı biber
- ½ çay kaşığı öğütülmüş kimyon
- ½ çay kaşığı öğütülmüş kişniş
- ¼ çay kaşığı öğütülmüş kakule
- ½ çay kaşığı kabartma tozu
- 3 yemek kaşığı su
- 1½ yemek kaşığı çok amaçlı un
- derin kızartma için yaklaşık 3 su bardağı / 750 ml ayçiçek yağı
- Kaplama için ½ çay kaşığı susam
- tuz

TALİMATLAR

a) Nohutları geniş bir kaseye koyun ve hacminin en az iki katı kadar soğuk suyla kaplayın. Gece boyunca ıslatmak için bir kenara koyun.

b) Ertesi gün nohutları iyice süzün ve soğan, sarımsak, maydanoz ve kişnişle birleştirin. En iyi sonuçları elde etmek için bir sonraki kısımda kıyma makinesi kullanın. Nohut karışımını makineye bir kez koyun, en ince ayarına getirin ve ardından ikinci kez makineden geçirin. Kıyma makineniz yoksa mutfak robotu kullanın. Karışımı gruplar halinde, her biri 30 ila 40 saniye boyunca darbeli olarak, ince bir şekilde doğranana, ancak yumuşak veya macunsu olmayana ve kendini bir arada tutana kadar karıştırın. İşlendikten sonra baharatları, kabartma tozunu, ¾ çay kaşığı tuzu, unu ve suyu ekleyin. Pürüzsüz ve homojen hale gelinceye kadar elle iyice karıştırın. Karışımın üzerini kapatın ve en az 1 saat, yani kullanıma hazır oluncaya kadar buzdolabında bekletin.

c) Derin, ağır tabanlı orta boy bir tencereye tavanın kenarlarından 2¾ inç / 7 cm yukarıya gelecek kadar yağ doldurun. Yağı 350°F / 180°C'ye ısıtın.

d) Islak ellerle, karışımın 1 çorba kaşığını avucunuzun içine bastırarak küçük bir ceviz büyüklüğünde, yaklaşık 1 oz / 25 g boyutunda bir köfte veya top oluşturun (bunun için ıslak dondurma kepçesi de kullanabilirsiniz)).

e) Toplara eşit miktarda susam serpin ve iyice kızarıp iyice pişene kadar 4 dakika boyunca gruplar halinde derin yağda kızartın. İçlerinin gerçekten kuruması önemlidir, bu nedenle yağda yeterince zaman geçirdiklerinden emin olun. Kağıt havlularla kaplı bir kevgir içine boşaltın ve hemen servis yapın.

47. Buğday Meyveleri ve Nar Pekmezli Pazı

Yapım: 4

İÇİNDEKİLER

- 1⅓ lb / 600 g İsviçre pazı veya gökkuşağı pazı
- 2 yemek kaşığı zeytinyağı
- 1 yemek kaşığı tuzsuz tereyağı
- 2 büyük pırasanın beyaz ve soluk yeşil kısımları ince dilimlenmiş (3 su bardağı / toplam 350 gr)
- 2 yemek kaşığı açık kahverengi şeker
- yaklaşık 3 yemek kaşığı nar pekmezi
- 1¼ bardak / 200 gr kabuğu soyulmuş veya kabuğu çıkarılmamış buğday meyveleri
- 2 su bardağı / 500 ml tavuk suyu
- tuz ve taze çekilmiş karabiber
- Yunan yoğurdu, servis için

TALİMATLAR

a) Küçük, keskin bir bıçak kullanarak pazıların beyaz saplarını yeşil yapraklarından ayırın. Sapları ⅜ inç / 1 cm dilimler halinde, yaprakları ise ¾ inç / 2 cm dilimler halinde dilimleyin.

b) Yağı ve tereyağını büyük, kalın tabanlı bir tavada ısıtın. Pırasayı ekleyin ve karıştırarak 3 ila 4 dakika pişirin. Pazı saplarını ekleyip 3 dakika pişirin, ardından yapraklarını ekleyip 3 dakika daha pişirin. Şekeri, 3 yemek kaşığı nar pekmezini ve buğday meyvelerini ekleyip iyice karıştırın. Et suyunu, ¾ çay kaşığı tuzu ve biraz karabiberi ekleyin, hafifçe kaynatın ve kapağı kapalı olarak kısık ateşte 60 ila 70 dakika pişirin. Bu noktada buğday al dente olmalıdır.

c) Kapağı çıkarın ve gerekirse ısıyı artırın ve kalan sıvının buharlaşmasına izin verin. Tavanın tabanı kuru olmalı ve üzerinde biraz yanmış karamel bulunmalıdır. Isıdan çıkarın.

d) Servis yapmadan önce tadın ve gerekirse daha fazla pekmez, tuz ve karabiber ekleyin; keskin ve tatlı olmasını istiyorsanız pekmezden çekinmeyin. Bir parça Yunan yoğurtuyla sıcak olarak servis yapın.

48. Hannukah Balilah

Yapım: 4

İÇİNDEKİLER
- 1 su bardağı / 200 gr kuru nohut
- 1 çay kaşığı kabartma tozu
- 1 su bardağı / 60 gr doğranmış düz yapraklı maydanoz
- 2 yeşil soğan, ince dilimlenmiş
- 1 büyük limon
- 3 yemek kaşığı zeytinyağı
- 2½ çay kaşığı öğütülmüş kimyon
- tuz ve taze çekilmiş karabiber

TALİMATLAR
a) Bir gece önceden nohutları geniş bir kaseye koyun ve hacminin en az iki katı kadar soğuk suyla kaplayın. Kabartma tozunu ekleyin ve gece boyunca oda sıcaklığında bekletin.

b) Nohutları süzüp geniş bir tencereye koyun. Bol miktarda soğuk suyla örtün ve yüksek ateşte yerleştirin. Kaynatın, suyun yüzeyini sıyırın, ardından ısıyı azaltın ve nohutlar çok yumuşak olana ancak şeklini koruyana kadar 1 ila 1½ saat pişirin.

c) Nohutlar pişerken maydanozu ve yeşil soğanı geniş bir karıştırma kabına koyun. Limonun üstünü ve kuyruğunu keserek soyun, bir tahtaya yerleştirin ve küçük, keskin bir bıçağı kıvrımları boyunca gezdirerek kabuğunu ve beyaz özünü çıkarın. Kabuğu, çekirdeği ve tohumları atın ve eti kabaca doğrayın. Eti ve tüm meyve sularını kaseye ekleyin.

d) Nohutlar hazır olduğunda süzün ve henüz sıcakken kaseye ekleyin. Zeytinyağı, kimyon, ¾ çay kaşığı tuz ve iyice öğütülmüş karabiber ekleyin. İyice karıştırın. Biraz ısınana kadar soğumaya bırakın, baharatların tadına bakın ve servis yapın.

49. Basmati pirinci ve orzo

Yapım: 6

İÇİNDEKİLER

- 1⅓ su bardağı / 250 gr basmati pirinci
- 1 yemek kaşığı eritilmiş ghee veya tuzsuz tereyağı
- 1 yemek kaşığı ayçiçek yağı
- ½ bardak / 85 gr orzo
- 2½ su bardağı / 600 ml tavuk suyu
- 1 çay kaşığı tuz

TALİMATLAR

a) Basmati pirincini iyice yıkayıp geniş bir kaseye koyun ve üzerini bol soğuk suyla örtün. 30 dakika kadar demlenmesine izin verin, ardından süzün.

b) Kapağı olan orta kalınlıkta bir tencerede, tereyağını ve yağı orta-yüksek ateşte ısıtın. Orzoyu ekleyin ve taneler koyu altın rengine dönene kadar 3 ila 4 dakika soteleyin. Stok ekleyin, kaynatın ve 3 dakika pişirin. Süzülmüş pirinci ve tuzu ekleyin, hafif kaynatın, bir veya iki kez karıştırın, tavanın kapağını kapatın ve çok kısık ateşte 15 dakika pişirin. Tavayı ortaya çıkarmaya çalışmayın; pirincin düzgün bir şekilde buharlaşmasına izin vermeniz gerekecek.

c) Isıyı kapatın, kapağı çıkarın ve tavayı hızla temiz bir kurulama beziyle örtün. Kapağı tekrar havlunun üzerine yerleştirin ve 10 dakika bekletin. Servis yapmadan önce pirinci çatalla kabartın.

50. Kızamık, Antep Fıstığı ve Karışık Otlu Safranlı Pilav

Yapım: 6

İÇİNDEKİLER

- 2½ yemek kaşığı / 40 gr tuzsuz tereyağı
- 2 su bardağı / 360 gr basmati pirinci, soğuk suyla durulanmış ve iyice süzülmüş
- 2⅓ su bardağı / 560 ml kaynar su
- 1 çay kaşığı safran ipi, 3 yemek kaşığı kaynar suda 30 dakika bekletilmiş
- ¼ bardak / 40 gr kurutulmuş kızamık, bir tutam şekerli kaynar suda birkaç dakika bekletilmiş
- 1 oz / 30 gr dereotu, iri kıyılmış
- ⅔ oz / 20 g frenk maydanozu, iri kıyılmış
- ⅓ oz / 10 gr tarhun, iri kıyılmış
- ½ bardak / 60 gr kıyılmış veya ezilmiş tuzsuz antep fıstığı, hafifçe kızartılmış
- tuz ve taze çekilmiş beyaz biber

TALİMATLAR

a) Tereyağını orta boy bir tencerede eritin ve pirinci ekleyerek, tanelerin tereyağıyla iyice kaplandığından emin olun. Kaynar suyu, 1 çay kaşığı tuzu ve biraz beyaz biberi ekleyin. İyice karıştırın, sıkıca kapatılmış bir kapakla örtün ve çok kısık ateşte 15 dakika pişmeye bırakın. Tavayı ortaya çıkarmaya çalışmayın; pirincin düzgün bir şekilde buharlaşmasına izin vermeniz gerekecek.

b) Pirinç tavasını ocaktan alın (tüm su pirinç tarafından emilecektir) ve safranlı suyu pirincin bir tarafına dökün, yüzeyin yaklaşık dörtte birini kaplayacak ve çoğunluğunu beyaz bırakacaktır. Tavayı hemen bir çay havluyla örtün ve kapağı tekrar sıkıca kapatın. 5 ila 10 dakika bekletin.

c) Büyük bir kaşık kullanarak pirincin beyaz kısmını geniş bir karıştırma kabına alın ve bir çatalla kabartın. Kızamıkları süzün ve karıştırın, ardından otlar ve antep fıstığının çoğunu ekleyin, birkaç tanesini süslemek için bırakın. İyice karıştırın. Safranlı pirinci çatalla kabartın ve yavaşça beyaz pirincin içine katlayın. Fazla karıştırmayın; beyaz tanelerin sarıya boyanmasını istemezsiniz. Baharatı tadın ve ayarlayın. Pirinci sığ bir servis kabına aktarın ve üzerine kalan antep fıstıklarını serpin. Sıcak veya oda sıcaklığında servis yapın.

51. Nohut, Kuş Üzümü ve Otlu Basmati ve Yabani Pirinç

Yapım: 6

İÇİNDEKİLER

- ⅓ su bardağı / 50 gr yabani pirinç
- 2½ yemek kaşığı zeytinyağı
- yuvarlak 1 su bardağı / 220 gr basmati pirinci
- 1½ su bardağı / 330 ml kaynar su
- 2 çay kaşığı kimyon tohumu
- 1½ çay kaşığı köri tozu
- 1½ bardak / 240 gr pişmiş ve süzülmüş nohut (konserveler iyidir)
- ¾ su bardağı / 180 ml ayçiçek yağı
- 1 orta boy soğan, ince dilimlenmiş
- 1½ çay kaşığı çok amaçlı un
- ⅔ su bardağı / 100 gr kuş üzümü
- 2 yemek kaşığı kıyılmış düz yapraklı maydanoz
- 1 yemek kaşığı kıyılmış kişniş
- 1 yemek kaşığı kıyılmış dereotu
- tuz ve taze çekilmiş karabiber

TALİMATLAR

a) Yabani pirinci küçük bir tencereye koyarak başlayın, üzerini bol suyla örtün, kaynatın ve pirinç pişene ama hala oldukça sert olana kadar yaklaşık 40 dakika kaynamaya bırakın. Drenaj yapın ve bir kenara koyun.

b) Basmati pirincini pişirmek için, kapağı sıkıca kapatılmış orta boy bir tencereye 1 yemek kaşığı zeytinyağı dökün ve yüksek ateşte koyun. Pirinci ve ¼ çay kaşığı tuzu ekleyin ve pirinci ısıtırken karıştırın. Kaynar suyu dikkatli bir şekilde ekleyin, ısıyı en aza indirin, tavanın kapağını kapatın ve 15 dakika pişmeye bırakın.

c) Tavayı ocaktan alın, temiz bir kurulama beziyle örtün, ardından kapağını kapatın ve 10 dakika boyunca ocaktan alın.

d) Pirinç pişerken nohutları hazırlayın. Kalan 1½ yemek kaşığı zeytinyağını küçük bir tencerede yüksek ateşte ısıtın. Kimyon tohumlarını ve köri tozunu ekleyin, birkaç saniye bekleyin ve ardından nohutları ve ¼ çay kaşığı tuzu ekleyin; Bunu çabuk yaptığınızdan emin olun, aksi takdirde baharatlar yağda yanabilir.

Nohutları ısıtmak için bir veya iki dakika ateşte karıştırın, ardından büyük bir karıştırma kabına aktarın.

e) Tencereyi silerek temizleyin, ayçiçek yağını dökün ve yüksek ateşe koyun. İçine küçük bir parça soğan atarak yağın sıcak olduğundan emin olun; şiddetle cızırdaması gerekir. Ellerinizi kullanarak soğanı unla karıştırarak hafifçe kaplayın. Soğanın bir kısmını alın ve dikkatlice (tükürebilir!) yağın içine koyun. Altın kahverengi olana kadar 2 ila 3 dakika kızartın, ardından kağıt havlulara aktarıp suyunu süzün ve üzerine tuz serpin. Bütün soğan kızarana kadar gruplar halinde tekrarlayın.

f) Son olarak nohutların üzerine her iki pirinç türünü de ekleyin ve ardından kuş üzümü, otlar ve kızarmış soğanı ekleyin. İstediğiniz gibi karıştırın, tadın ve tuz ve karabiber ekleyin. Sıcak veya oda sıcaklığında servis yapın.

52. Marine Edilmiş Beyaz Peynirli Arpa Risotto

Yapım: 4

İÇİNDEKİLER

- 1 su bardağı / 200 gr inci arpa
- 2 yemek kaşığı / 30 gr tuzsuz tereyağı
- 6 yemek kaşığı / 90 ml zeytinyağı
- 2 küçük kereviz sapı, ¼ inç / 0,5 cm'lik zarlar halinde kesilmiş
- ¼ inç / 0,5 cm zarlar halinde kesilmiş 2 küçük arpacık soğanı
- 4 diş sarımsak, 1/16 inç / 2 mm'lik zarlar halinde kesilmiş
- 4 kekik dalı
- ½ çay kaşığı füme kırmızı biber
- 1 defne yaprağı
- 4 şerit limon kabuğu
- ¼ çay kaşığı şili gevreği
- bir adet 14 oz / 400g doğranmış domates konservesi
- 3 su bardağı / 700 ml sebze suyu
- 1¼ bardak / 300 ml passata (elenmiş ezilmiş domates)
- 1 yemek kaşığı kimyon tohumu
- 10½ oz / 300 g beyaz peynir, kabaca ¾ inç / 2 cm'lik parçalara bölünmüş
- 1 yemek kaşığı taze kekik yaprağı
- tuz

TALİMATLAR

a) İnci arpayı soğuk su altında iyice durulayın ve süzülmeye bırakın.

b) Tereyağını ve 2 yemek kaşığı zeytinyağını çok büyük bir tavada eritin ve kereviz, arpacık soğanı ve sarımsağı hafif ateşte yumuşayana kadar 5 dakika pişirin. Arpa, kekik, kırmızı biber, defne yaprağı, limon kabuğu, pul biber, domates, et suyu, passata ve tuzu ekleyin. Birleştirmek için karıştırın. Karışımı kaynatın, ardından çok hafif bir kaynamaya getirin ve 45 dakika pişirin, risottonun tavanın dibine yapışmadığından emin olmak için sık sık karıştırın. Hazır olduğunda arpa yumuşamalı ve sıvının çoğu emilmelidir.

c) Bu arada kimyon tohumlarını kuru bir tavada birkaç dakika kızartın. Daha sonra, bütün tohumların kalması için hafifçe ezin. Bunları kalan 4 yemek kaşığı / 60 ml zeytinyağıyla birlikte beyaz peynire ekleyin ve birleştirmek için yavaşça karıştırın.

d) Risotto hazır olduğunda baharatı kontrol edin ve dört sığ kaseye bölün. Her birinin üzerine yağ da dahil olmak üzere marine edilmiş beyaz peynir ve bir tutam kekik yaprağı serpin.

53. Yoğurt, Bezelye ve Şili ile Conchiglie

Yapım: 6

İÇİNDEKİLER

- 2½ bardak / 500 gr Yunan yoğurdu
- ⅔ su bardağı / 150 ml zeytinyağı
- 4 diş sarımsak, ezilmiş
- 1 lb / 500 g taze veya çözülmüş dondurulmuş bezelye
- 1 lb / 500 gr conchiglie makarna
- ½ su bardağı / 60 gr çam fıstığı
- 2 çay kaşığı Türk veya Suriye şili gevreği (veya ne kadar baharatlı olduğuna bağlı olarak daha az)
- 1⅓ su bardağı / 40 gr fesleğen yaprağı, irice yırtılmış
- 8 oz / 240 gr beyaz peynir, parçalara ayrılmış
- tuz ve taze çekilmiş beyaz biber

TALİMATLAR

a) Yoğurdu, 6 yemek kaşığı / 90 ml zeytinyağını, sarımsağı ve ⅔ su bardağı / 100 gr bezelyeyi bir mutfak robotuna koyun. Düzgün soluk yeşil bir sos elde edene kadar karıştırın ve büyük bir karıştırma kabına aktarın.

b) Makarnayı bol tuzlu kaynar suda al dente oluncaya kadar pişirin. Makarna pişerken kalan zeytinyağını küçük bir tavada orta ateşte ısıtın. Çam fıstıklarını ve şili pullarını ekleyin ve fındıklar altın sarısı rengine ve yağ koyu kırmızı oluncaya kadar 4 dakika kızartın. Ayrıca kalan bezelyeleri bir miktar kaynar suda ısıtın ve ardından süzün.

c) Pişen makarnayı bir kevgir içine boşaltın, iyice sallayarak suyunun gitmesini sağlayın ve makarnayı yavaş yavaş yoğurtlu sosa ekleyin; hepsini birden eklemek yoğurdun dağılmasına neden olabilir. Sıcak bezelye, fesleğen, beyaz peynir, 1 çay kaşığı tuz ve ½ çay kaşığı beyaz biberi ekleyin. Yavaşça karıştırın, ayrı ayrı kaselere aktarın ve üzerine çam fıstıklarını ve yağlarını kaşıkla dökün.

54. Mejadra

Yapım: 6

İÇİNDEKİLER

- 1¼ su bardağı / 250 gr yeşil veya kahverengi mercimek
- 4 orta boy soğan (soyulmadan önce 1½ lb / 700 g)
- 3 yemek kaşığı çok amaçlı un
- yaklaşık 1 su bardağı / 250 ml ayçiçek yağı
- 2 çay kaşığı kimyon tohumu
- 1½ yemek kaşığı kişniş tohumu
- 1 su bardağı / 200 gr basmati pirinci
- 2 yemek kaşığı zeytinyağı
- ½ çay kaşığı öğütülmüş zerdeçal
- 1½ çay kaşığı öğütülmüş yenibahar
- 1½ çay kaşığı öğütülmüş tarçın
- 1 çay kaşığı şeker
- 1½ su bardağı / 350 ml su
- tuz ve taze çekilmiş karabiber

TALİMATLAR

a) Mercimekleri küçük bir tencereye koyun, üzerini bol suyla örtün, kaynatın ve mercimekler yumuşayıp hâlâ biraz ısırıncaya kadar 12 ila 15 dakika pişirin. Drenaj yapın ve bir kenara koyun.

b) Soğanları soyup ince ince dilimleyin. Geniş düz bir tabağa koyun, üzerine un ve 1 çay kaşığı tuz serpin ve ellerinizle iyice karıştırın. Ayçiçek yağını yüksek ateşte yerleştirilmiş orta kalın tabanlı bir tencerede ısıtın. İçine küçük bir parça soğan atarak yağın sıcak olduğundan emin olun; şiddetle cızırdaması gerekir. Isıyı orta-yüksek seviyeye indirin ve dilimlenmiş soğanın üçte birini dikkatlice (tükürebilir!) ekleyin. Delikli bir kaşıkla ara sıra karıştırarak, soğan güzel bir altın rengi kahverengiye dönene ve çıtır çıtır olana kadar 5 ila 7 dakika kızartın (sıcaklığı, soğanın çok çabuk kızarıp yanmasını önleyecek şekilde ayarlayın). Soğanı kağıt havluyla kaplı bir kevgir içine aktarmak için kaşık kullanın ve üzerine biraz daha tuz serpin. Aynısını diğer iki soğan partisi için de yapın; gerekirse biraz ekstra yağ ekleyin.

c) Soğanı kızarttığınız tencereyi temizleyip kimyon ve kişniş tohumlarını koyun. Orta ateşte yerleştirin ve tohumları bir veya iki dakika kızartın. Pirinç, zeytinyağı, zerdeçal, yenibahar, tarçın, şeker, ½ çay kaşığı tuz ve bol karabiber ekleyin. Pirinci yağla kaplayacak şekilde karıştırın ve ardından pişmiş mercimeği ve suyu ekleyin. Kaynatın, kapağını kapatın ve çok kısık ateşte 15 dakika pişirin.

d) Ateşten alın, kapağını kaldırın ve tavayı hızla temiz bir kurulama beziyle örtün. Kapağını sıkıca kapatın ve 10 dakika bekletin.

e) Son olarak kavrulmuş soğanın yarısını pirinç ve mercimeğe ekleyip çatalla hafifçe karıştırın. Karışımı sığ bir servis kabına koyun ve üzerine kalan soğanı ekleyin.

55. <u>Hannukah Makluba</u>

Yapar: 4 ila 6

İÇİNDEKİLER

- 2 orta boy patlıcan (toplamda 1½ lb / 650 g), ¼ inç / 0,5 cm dilimler halinde kesilmiş
- 1⅓ su bardağı / 320 gr basmati pirinci
- 6 ila 8 kemiksiz tavuk budu, derisiyle birlikte, toplamda yaklaşık 1¾ lb / 800 g
- 1 büyük soğan, uzunlamasına dörde bölünmüş
- 10 adet karabiber
- 2 adet defne yaprağı
- 4 su bardağı / 900 ml su
- kızartmak için ayçiçek yağı
- 1 orta boy karnabahar (1 lb / 500 g), büyük çiçeklere bölünmüş
- Tavayı yağlamak için eritilmiş tereyağı
- 3 ila 4 orta boy olgun domates (toplamda 12 oz / 350 g), ¼ inç / 0,5 cm kalınlığında dilimler halinde kesilmiş
- 4 büyük diş sarımsak, ikiye bölünmüş
- 1 çay kaşığı öğütülmüş zerdeçal
- 1 çay kaşığı öğütülmüş tarçın
- 1 çay kaşığı öğütülmüş yenibahar
- ¼ çay kaşığı taze çekilmiş karabiber
- 1 çay kaşığı baharat karışımı (mağazadan satın alınan veya tarifi gör)
- 3½ yemek kaşığı / 30 gr çam fıstığı, 1 yemek kaşığı / 15 gr sade yağda veya tuzsuz tereyağında altın rengi oluncaya kadar kızartılır
- Salatalıklı yoğurt, hizmet etmek
- tuz

TALİMATLAR

a) Patlıcan dilimlerini kağıt havluların üzerine koyun, her iki tarafına da tuz serpin ve suyunun bir kısmını salması için 20 dakika bekletin.

b) Pirinci yıkayıp bol soğuk su ve 1 çay kaşığı tuzla en az 30 dakika bekletin.

c) Bu arada, büyük bir tencereyi orta-yüksek ateşte ısıtın ve tavuğun her iki tarafını da altın rengi kahverengi olana kadar 3 ila 4 dakika kızartın (tavuk derisinin pişirmeye yetecek kadar yağ üretmesi gerekir; gerekirse biraz ayçiçek yağı ekleyin). Soğanı, karabiberi, defne yaprağını ve suyu ekleyin. Kaynatın, ardından kapağını kapatın ve kısık ateşte 20 dakika pişirin. Tavuğu tavadan çıkarın ve bir kenara koyun. Stoku süzün ve yağı sıyırarak daha sonra kullanmak üzere ayırın.

d) Tavuk pişerken, tercihen yapışmaz ve yaklaşık 9½ inç / 24 cm çapında ve 5 inç / 12 cm derinliğinde bir tencereyi veya Hollandalı fırını orta-yüksek ateşte ısıtın. Tavanın kenarlarından yaklaşık ¾ inç / 2 cm yukarıya gelecek kadar ayçiçek yağı ekleyin. Küçük kabarcıkların yüzeye çıktığını görmeye başladığınızda, karnabahar çiçeklerinden bir kısmını dikkatlice (tükürebilir!) yağın içine koyun ve altın kahverengi olana kadar 3 dakika kadar kızartın. İlk partiyi kağıt havlulara aktarmak için oluklu bir kaşık kullanın ve üzerine tuz serpin. Kalan karnabaharla tekrarlayın.

e) Patlıcan dilimlerini kağıt havluyla kurulayın ve aynı şekilde gruplar halinde kızartın.

f) Yağı tavadan çıkarın ve tavayı silerek temizleyin. Yapışmaz bir tava değilse, tabanını tam boyutta kesilmiş bir daire şeklinde parşömen kağıdıyla hizalayın ve kenarlarını biraz eritilmiş tereyağıyla fırçalayın. Artık maklubayı katmanlamaya hazırsınız.

g) Domates dilimlerini üst üste gelecek şekilde tek kat halinde düzenleyerek başlayın ve ardından patlıcan dilimlerini takip edin. Daha sonra karnabahar parçalarını ve tavuk butlarını düzenleyin. Pirinci iyice süzün ve son katın üzerine yayın ve sarımsak parçalarını üstüne serpin. Ayrılmış tavuk suyundan 3 bardak / 700 ml ölçün ve tüm baharatları ve 1 çay kaşığı tuzu ekleyip karıştırın. Bunu pirincin üzerine dökün ve ellerinizle hafifçe bastırarak tüm pirincin et suyuyla kaplandığından emin olun. Gerekirse biraz ekstra et suyu veya su ekleyin.

h) Tavayı orta ateşe koyun ve kaynamaya bırakın; Et suyunun kuvvetli bir şekilde kaynamasına gerek yoktur ancak tavayı bir kapakla kapatmadan, ısıyı düşük seviyeye düşürmeden ve 30 dakika kısık ateşte pişirmeden önce iyice kaynadığından emin olmanız gerekir. Tavayı ortaya çıkarmaya çalışmayın; pirincin düzgün bir şekilde buharlaşmasına izin vermeniz gerekecek. Tavayı ocaktan alın, kapağını çıkarın ve tavanın üzerine hızlı bir şekilde temiz bir kurulama havlusu koyun, ardından tekrar kapakla kapatın. 10 dakika dinlenmeye bırakın.

i) Hazır olduğunuzda, kapağı çıkarın, büyük yuvarlak bir servis tabağını veya tabağı açık tavanın üzerine ters çevirin ve tava ile tabağı her iki taraftan sıkıca tutarak dikkatli ama hızlı bir şekilde ters çevirin. Tavayı 2 ila 3 dakika plakanın üzerinde bırakın, ardından yavaşça ve dikkatlice kaldırın. Çam fıstığı ile süsleyin ve salatalıklı yoğurtla birlikte servis yapın.

56. Domates ve soğanlı kuskus

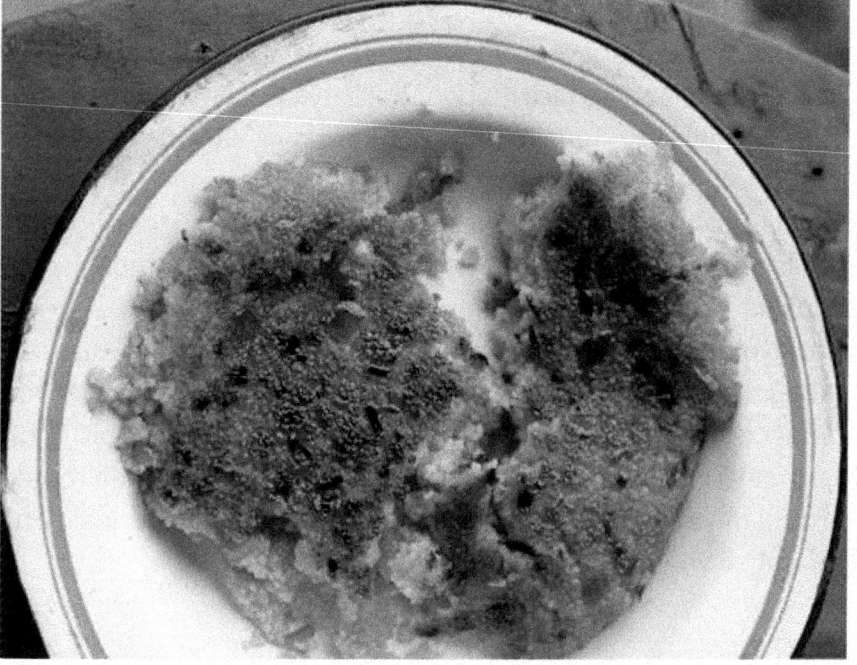

Yapım: 4

İÇİNDEKİLER

- 3 yemek kaşığı zeytinyağı
- 1 orta boy soğan, ince doğranmış (1 su bardağı / toplam 160 gr)
- 1 yemek kaşığı domates salçası
- ½ çay kaşığı şeker
- 2 adet çok olgun domates, 0,5 cm'lik zarlar halinde kesilmiş (1¾ bardak / toplam 320 g)
- 1 su bardağı / 150 gr kuskus
- 1 su bardağı / 220 ml haşlanmış tavuk veya sebze suyu
- 2½ yemek kaşığı / 40 gr tuzsuz tereyağı
- tuz ve taze çekilmiş karabiber

TALİMATLAR

a) Yaklaşık 8½ inç / 22 cm çapında yapışmaz bir tavaya 2 yemek kaşığı zeytinyağı dökün ve orta ateşte yerleştirin. Soğanı ekleyin ve sık sık karıştırarak, yumuşayana ancak rengi değişene kadar 5 dakika pişirin. Domates salçasını ve şekeri ekleyip 1 dakika pişirin. Domatesleri, ½ çay kaşığı tuzu ve biraz karabiberi ekleyip 3 dakika pişirin.

b) Bu arada kuskusu sığ bir kaseye koyun, kaynayan suyu üzerine dökün ve üzerini streç filmle örtün. 10 dakika bekletin, ardından kapağı çıkarın ve kuskusu bir çatalla kabartın. Domates sosunu ekleyip iyice karıştırın.

c) Tavayı silerek temizleyin ve tereyağını ve kalan 1 yemek kaşığı zeytinyağını orta ateşte ısıtın. Tereyağı eridiğinde, kuskusu kaşıkla tavaya koyun ve kaşığın arkasını kullanarak hafifçe vurarak iyice toparlanmasını sağlayın. Tavayı kapatın, ısıyı en düşük ayara indirin ve kuskusun kenarlarında açık kahverengi bir renk görene kadar 10 ila 12 dakika buharda pişmesine izin verin. Kuskusun kenarı ile tavanın kenarı arasına bakmanıza yardımcı olması için bir spatula veya bıçak kullanın: tabanın ve yanların her yerinde gerçekten keskin bir kenar istiyorsunuz.

d) Büyük bir tabağı tavanın üzerine ters çevirin ve tava ile tabağı hızlıca ters çevirin, kuskusu tabağa bırakın. Sıcak veya oda sıcaklığında servis yapın.

57. Gül suyu ile su teresi ve nohut çorbası

Yapım: 4

İÇİNDEKİLER
- 2 orta boy havuç (toplamda 9 oz / 250 g), ¾ inç / 2 cm'lik zarlar halinde kesilmiş
- 3 yemek kaşığı zeytinyağı
- 2½ çay kaşığı akşam yemeği
- ½ çay kaşığı öğütülmüş tarçın
- 1½ su bardağı / 240 gr pişmiş nohut, taze veya konserve
- 1 orta boy soğan, ince dilimlenmiş
- 2½ yemek kaşığı / 15 gr soyulmuş ve ince doğranmış taze zencefil
- 2½ bardak / 600 ml sebze suyu
- 7 oz / 200 gr su teresi
- 3½ oz / 100 gr ıspanak yaprağı
- 2 çay kaşığı ince şeker
- 1 çay kaşığı gül suyu
- tuz
- Yunan yoğurdu, servis etmek için (isteğe bağlı)
- Fırını önceden 425°F / 220°C'ye ısıtın.

TALİMATLAR

a) Havuçları 1 yemek kaşığı zeytinyağı, ras el hanout, tarçın ve bir tutam tuzla karıştırın ve parşömen kağıdıyla kaplı bir kızartma tavasına düz bir şekilde yayın. 15 dakika kadar fırında tutun, ardından nohutların yarısını ekleyin, iyice karıştırın ve havuç yumuşayıp hâlâ bir ısırık hissi verene kadar 10 dakika daha pişirin.

b) Bu arada soğanı ve zencefili büyük bir tencereye koyun. Kalan zeytinyağıyla birlikte orta ateşte, soğan tamamen yumuşak ve altın rengi oluncaya kadar yaklaşık 10 dakika soteleyin. Kalan nohutları, et suyunu, su teresini, ıspanağı, şekeri ve ¾ çay kaşığı tuzu ekleyin, iyice karıştırın ve kaynatın. Yapraklar solana kadar bir veya iki dakika pişirin.

c) Bir mutfak robotu veya blender kullanarak çorbayı pürüzsüz hale gelinceye kadar karıştırın. Gül suyunu ekleyin, karıştırın, tadın ve isterseniz daha fazla tuz veya gül suyu ekleyin. Havuç ve nohut hazır olana kadar bir kenara koyun, ardından tekrar ısıtarak servis yapın.

d) Servis yapmak için çorbayı dört kaseye bölün ve üzerine sıcak havuç ve nohutu ve isterseniz porsiyon başına yaklaşık 2 çay kaşığı yoğurt ekleyin.

58. Sıcak yoğurt ve arpa çorbası

Yapım: 4

İÇİNDEKİLER

- 6¾ bardak / 1,6 litre su
- 1 su bardağı / 200 gr inci arpa
- 2 orta boy soğan, ince doğranmış
- 1½ çay kaşığı kuru nane
- 4 yemek kaşığı / 60 gr tuzsuz tereyağı
- 2 büyük yumurta, dövülmüş
- 2 su bardağı / 400 gr Yunan yoğurdu
- ⅔ oz / 20 gr taze nane, doğranmış
- ⅓ oz / 10 gr düz yapraklı maydanoz, doğranmış
- 3 yeşil soğan, ince dilimlenmiş
- tuz ve taze çekilmiş karabiber

TALİMATLAR

a) Suyu büyük bir tencerede arpayla birlikte kaynatın, 1 çay kaşığı tuz ekleyin ve arpa pişene kadar ama yine de al dente olana kadar 15 ila 20 dakika pişirin. Isıdan çıkarın. Pişirdikten sonra çorba için 4¾ bardak / 1,1 litre pişirme sıvısına ihtiyacınız olacak; Buharlaşma nedeniyle elinizde daha az su kalırsa su ekleyin.

b) Arpa pişerken soğanı ve kuru naneyi orta ateşte tereyağında yumuşayana kadar yaklaşık 15 dakika soteleyin. Bunu pişmiş arpaya ekleyin.

c) Yumurtaları ve yoğurdu büyük, ısıya dayanıklı bir karıştırma kabında çırpın. Yoğurt ısınıncaya kadar arpa ve suyun bir kısmını, her seferinde bir kepçe olacak şekilde yavaş yavaş karıştırın. Bu, yoğurdu ve yumurtayı yumuşatacak ve sıcak sıvıya eklendiğinde dağılmalarını önleyecektir. Yoğurdu çorba tenceresine ekleyin ve orta ateşte, sürekli karıştırarak, çorba çok hafif bir kaynama noktasına gelinceye kadar pişirin. Ocaktan alıp doğranmış otları ve yeşil soğanları ekleyip baharatını kontrol edin. Sıcak servis yapın.

59. Cannellini fasulyesi ve kuzu çorbası

Yapım: 4

İÇİNDEKİLER

- 1 yemek kaşığı ayçiçek yağı
- 1 küçük soğan (toplamda 5 oz / 150 g), ince doğranmış
- ¼ küçük kereviz kökü, soyulmuş ve 0,5 cm'lik zarlar halinde kesilmiş (toplamda 6 oz / 170 g)
- 20 büyük diş sarımsak, soyulmuş fakat bütün
- 1 çay kaşığı öğütülmüş kimyon
- 1 lb / 500 g kuzu güveç eti (veya isterseniz dana eti), ¾ inç / 2 cm küpler halinde kesilmiş
- 7 su bardağı / 1,75 litre su
- ½ bardak / 100 gr kurutulmuş cannellini veya barbunya fasulyesi, gece boyunca bol soğuk suya batırılmış, daha sonra süzülmüş
- 7 kakule kabuğu, hafifçe ezilmiş
- ½ çay kaşığı öğütülmüş zerdeçal
- 2 yemek kaşığı domates salçası
- 1 çay kaşığı ince şeker
- 9 oz / 250 g Yukon Gold veya diğer sarı etli patates, soyulmuş ve ¾ inç / 2 cm küpler halinde kesilmiş
- tuz ve taze çekilmiş karabiber
- ekmek, servis etmek
- servis etmek için taze sıkılmış limon suyu
- doğranmış kişniş veyaZhoug

TALİMATLAR

a) Yağı büyük bir tavada ısıtın ve soğanı ve kereviz kökünü orta-yüksek ateşte 5 dakika veya soğan kahverengileşene kadar pişirin. Sarımsak dişlerini ve kimyonu ekleyin ve 2 dakika daha pişirin. Isıyı çıkarın ve bir kenara koyun.

b) Eti ve suyu büyük bir tencereye veya orta-yüksek ateşteki Hollanda fırınına koyun, kaynatın, ısıyı düşürün ve berrak bir et suyu elde edene kadar yüzeyini sık sık sıyırarak 10 dakika pişirin. Soğan ve kereviz kökü karışımını, süzülmüş fasulyeyi, kakuleyi, zerdeçalı, salçayı ve şekeri ekleyin. Kaynatın, kapağını kapatın ve 1 saat boyunca veya etler yumuşayıncaya kadar yavaşça pişirin.

c) Patatesleri çorbaya ekleyin ve 1 çay kaşığı tuz ve ½ çay kaşığı karabiber ile tatlandırın. Tekrar kaynatın, ısıyı azaltın ve üstü açık olarak 20 dakika daha veya patatesler ve fasulyeler yumuşayıncaya kadar pişirin. Çorba kalın olmalı. Gerekirse azaltmak veya biraz su eklemek için biraz daha kabarcıklanmasına izin verin. Tadına bakın ve beğeninize daha fazla baharat ekleyin. Çorbayı ekmek, biraz limon suyu ve taze doğranmış kişniş veya zhoug ile servis edin.

60. Deniz Ürünleri ve Rezene Çorbası

Yapım: 4

İÇİNDEKİLER

- 2 yemek kaşığı zeytinyağı
- 4 diş sarımsak, ince dilimlenmiş
- 2 rezene soğanı (toplamda 10½ oz / 300 g), kesilmiş ve ince dilimler halinde kesilmiş
- 1 büyük mumsu patates (toplamda 7 oz / 200 g), soyulmuş ve ⅔ inç / 1,5 cm küpler halinde kesilmiş
- 3 su bardağı / 700 ml balık suyu (veya tercihe göre tavuk veya sebze suyu)
- ½ orta konserve limon (toplamda ½ oz / 15 g), mağazadan satın alınmış veyatarifi gör
- 1 kırmızı şili, dilimlenmiş (isteğe bağlı)
- 6 domates (toplam 14 oz / 400 g), soyulmuş ve dörde bölünmüş
- 1 yemek kaşığı tatlı kırmızı biber
- iyi bir tutam safran
- 4 yemek kaşığı ince kıyılmış düz yapraklı maydanoz
- 4 levrek filetosu (toplamda yaklaşık 10½ oz / 300 g), derisi alınmış, ikiye bölünmüş
- 14 midye (toplamda yaklaşık 8 oz / 220 g)
- 15 istiridye (toplamda yaklaşık 4½ oz / 140 g)
- 10 kaplan karidesi (toplamda yaklaşık 220 g), kabuklarında veya soyulmuş ve ayrılmış
- 3 yemek kaşığı arak, uzo veya Pernod
- 2 çay kaşığı kıyılmış tarhun (isteğe bağlı)
- tuz ve taze çekilmiş karabiber

TALİMATLAR

a) Zeytinyağını ve sarımsağı geniş, alçak kenarlı bir tavaya koyun ve orta ateşte, sarımsakları renklendirmeden 2 dakika pişirin. Rezene ve patatesi karıştırın ve 3 ila 4 dakika daha pişirin. Et suyunu ve korunmuş limonu ekleyin, ¼ çay kaşığı tuz ve biraz karabiber ekleyin, kaynatın, ardından kapağını kapatın ve patatesler pişene kadar 12 ila 14 dakika kısık ateşte pişirin. Şilini (eğer kullanılıyorsa), domatesleri, baharatları ve maydanozun yarısını ekleyin ve 4 ila 5 dakika daha pişirin.

b) Bu noktada, balığı haşlamak için üzerini kapatacak kadar 1¼ bardak / 300 ml su daha ekleyin ve tekrar kaynamaya getirin. Levreği ve kabuklu deniz hayvanlarını ekleyin, tavanın kapağını kapatın ve kabuklu deniz ürünleri açılıp karidesler pembeleşene kadar 3 ila 4 dakika hararetli bir şekilde kaynamaya bırakın.

c) Delikli bir kaşık kullanarak balıkları ve kabuklu deniz hayvanlarını çorbadan çıkarın. Eğer hala biraz suluysa, çorbanın birkaç dakika daha kaynatılarak azalmasına izin verin. Arakı ekleyin ve baharatın tadına bakın.

d) Son olarak kabuklu deniz hayvanlarını ve balıkları yeniden ısıtmak için çorbaya geri koyun. Kullanıyorsanız, kalan maydanoz ve tarhun ile süsleyerek hemen servis yapın.

61. Fıstık çorbası

Yapım: 4

İÇİNDEKİLER

- 2 yemek kaşığı kaynar su
- ¼ çay kaşığı safran iplikleri
- 1⅔ su bardağı / 200 gr kabuklu tuzsuz antep fıstığı
- 2 yemek kaşığı / 30 gr tuzsuz tereyağı
- 4 arpacık soğan, ince doğranmış (toplamda 3½ oz / 100 g)
- 1 oz / 25 gr zencefil, soyulmuş ve ince doğranmış
- 1 pırasa, ince doğranmış (1¼ su bardağı / toplam 150 gr)
- 2 çay kaşığı öğütülmüş kimyon
- 3 su bardağı / 700 ml tavuk suyu
- ⅓ su bardağı / 80 ml taze sıkılmış portakal suyu
- 1 yemek kaşığı taze sıkılmış limon suyu
- tuz ve taze çekilmiş karabiber
- ekşi krema, servis etmek için

TALİMATLAR

a) Fırını 350°F / 180°C'ye önceden ısıtın. Kaynar suyu küçük bir fincandaki safran ipliklerinin üzerine dökün ve 30 dakika demlenmeye bırakın.

b) Antep fıstığının kabuklarını çıkarmak için, fıstıkları kaynar suda 1 dakika haşlayın, süzün ve henüz sıcakken parmaklarınız arasında bastırarak kabuklarını çıkarın. Bademlerde olduğu gibi tüm kabuklar çıkmayacaktır - bu iyidir, çünkü çorbayı etkilemeyecektir - ancak kabuğun bir kısmından kurtulmak rengi iyileştirecek ve onu daha parlak bir yeşil haline getirecektir. Antep fıstıklarını fırın tepsisine yayın ve fırında 8 dakika kızartın. Çıkarın ve soğumaya bırakın.

c) Tereyağını büyük bir tencerede ısıtın ve arpacık soğanı, zencefil, pırasa, kimyon, ½ çay kaşığı tuz ve biraz karabiber ekleyin. Orta ateşte 10 dakika, sık sık karıştırarak, arpacık soğanlar tamamen yumuşayıncaya kadar soteleyin. Et suyunu ve safran sıvısının yarısını ekleyin. Tavayı kapatın, ısıyı azaltın ve çorbayı 20 dakika pişmeye bırakın.

d) Antep fıstıklarının 1 çorba kaşığı hariç hepsini çorbanın yarısıyla birlikte geniş bir kaseye koyun. Pürüzsüz olana kadar bir el blenderi kullanarak karıştırın ve ardından bunu tencereye geri koyun. Portakal ve limon suyunu ekleyin, tekrar ısıtın ve baharatı ayarlamak için tadın.

e) Servis etmek için ayrılmış antep fıstıklarını irice doğrayın. Sıcak çorbayı kaselere aktarın ve üzerine bir kaşık ekşi krema ekleyin. Antep fıstığı serpin ve kalan safran sıvısını gezdirin.

62. Közlenmiş Patlıcan & Mograbieh Çorbası

Yapım: 4

İÇİNDEKİLER

- 5 küçük patlıcan (toplamda yaklaşık 2½ lb / 1,2 kg)
- kızartmak için ayçiçek yağı
- 1 soğan, dilimlenmiş (toplamda yaklaşık 1 bardak / 125 g)
- 1 yemek kaşığı kimyon tohumu, taze çekilmiş
- 1½ çay kaşığı domates salçası
- 2 büyük domates (toplamda 12 oz / 350 g), kabuğu soyulmuş ve doğranmış
- 1½ bardak / 350 ml tavuk veya sebze suyu
- 1⅔ bardak / 400 ml su
- 4 diş sarımsak, ezilmiş
- 2½ çay kaşığı şeker
- 2 yemek kaşığı taze sıkılmış limon suyu
- ⅓ fincan / 100 g mograbieh veya maftoul, fregola veya dev kuskus gibi alternatifler (bkz.Kuskus bölümü)
- İsteğe göre 2 yemek kaşığı kıyılmış fesleğen veya 1 yemek kaşığı kıyılmış dereotu
- tuz ve taze çekilmiş karabiber

TALİMATLAR

a) Patlıcanlardan üçünü yakarak başlayın. Bunu yapmak için talimatları izleyin.Sarımsak, limon ve nar taneleri ile yanmış patlıcan.

b) Kalan patlıcanları ⅔ inç / 1,5 cm'lik zarlar halinde kesin. Yaklaşık ⅔ bardak / 150 ml yağı büyük bir tencerede orta-yüksek ateşte ısıtın. Sıcakken patlıcan zarlarını ekleyin. Sık sık karıştırarak, her yeri renklene kadar 10 ila 15 dakika kızartın; Gerekirse biraz daha yağ ekleyin, böylece tavada her zaman bir miktar yağ kalır. Patlıcanı çıkarın, süzülmesi için bir kevgir içine koyun ve üzerine tuz serpin.

c) Tavada yaklaşık 1 yemek kaşığı yağın kaldığından emin olun, ardından soğanı ve kimyonu ekleyin ve sık sık karıştırarak yaklaşık 7 dakika soteleyin. Domates salçasını ekleyin ve bir dakika daha pişirin, ardından domatesleri, et suyunu, suyu, sarımsağı, şekeri, limon suyunu, 1½ çay kaşığı tuzu ve biraz karabiberi ekleyin. 15 dakika boyunca yavaşça pişirin.

d) Bu arada küçük bir tencerede tuzlu suyu kaynatın ve mograbieh veya alternatifini ekleyin. Al dente'ye kadar pişirin; bu markaya göre değişir ancak 15 ila 18 dakika sürer (paketi kontrol edin). Süzüp soğuk su altında yenileyin.

e) Yanmış patlıcan etini çorbaya aktarın ve el blenderi ile pürüzsüz bir sıvı haline getirin. Mograbieh'i ve kızartılmış patlıcanı ekleyin, bir kısmını süslemek için sonda bırakın ve 2 dakika daha pişirin. Baharatı tadın ve ayarlayın. Üzerine ayrılmış mograbieh ve kızarmış patlıcanla sıcak olarak servis yapın ve isterseniz fesleğen veya dereotu ile süsleyin.

63. Domates ve ekşi maya çorbası

Yapım: 4

İÇİNDEKİLER
- 2 yemek kaşığı zeytinyağı, artı bitirmek için ekstra
- 1 büyük soğan, doğranmış (1⅓ su bardağı / toplam 250 gr)
- 1 çay kaşığı kimyon tohumu
- 2 diş sarımsak, ezilmiş
- 3 su bardağı / 750 ml sebze suyu
- 4 büyük olgun domates, doğranmış (4 su bardağı / toplam 650 gr)
- bir adet 14 oz / 400g konserve doğranmış İtalyan domatesi
- 1 yemek kaşığı ince şeker
- 1 dilim ekşi mayalı ekmek (toplamda 1½ oz / 40 g)
- 2 yemek kaşığı kıyılmış kişniş ve bitirmek için ekstra
- tuz ve taze çekilmiş karabiber

TALİMATLAR
a) Yağı orta boy bir tencerede ısıtın ve soğanı ekleyin. Soğan yarı saydam oluncaya kadar sık sık karıştırarak yaklaşık 5 dakika soteleyin. Kimyon ve sarımsağı ekleyip 2 dakika kavurun. Her iki domates türünü, şekeri, 1 çay kaşığı tuzu ve iyice öğütülmüş karabiberi et suyuna dökün.

b) Çorbayı hafif kaynama noktasına getirin ve 20 dakika pişirin, pişirme işleminin yarısında parçalara ayrılmış ekmeği ekleyin. Son olarak kişnişi ekleyin ve ardından bir blender kullanarak birkaç atışta karıştırın, böylece domatesler parçalanır ancak yine de biraz kaba ve tıknaz kalır. Çorba oldukça kalın olmalı; Bu noktada çok koyu olursa biraz su ekleyin. Üzerine yağ gezdirip taze kişniş serperek servis yapın.

64. Knaidlachlı temiz tavuk çorbası

Yapım: 4
İÇİNDEKİLER

- 1 adet serbest gezinen tavuk, yaklaşık 4½ lb / 2 kg, dörde bölünmüş, tüm kemikleri, ayrıca alabilirseniz sakatatları ve kasaptan alabileceğiniz ekstra kanat veya kemikler
- 1½ çay kaşığı ayçiçek yağı
- 1 bardak / 250 ml sek beyaz şarap
- 2 havuç, soyulmuş ve ¾ inç / 2 cm dilimler halinde kesilmiş (toplamda 2 bardak / 250 g)
- 4 kereviz sapı (toplamda yaklaşık 10½ oz / 300 g), 2½ inç / 6 cm'lik parçalar halinde kesilmiş
- 2 orta boy soğan (toplamda yaklaşık 350 g), 8 dilime kesilmiş
- 1 büyük şalgam (7 oz / 200 g), soyulmuş, kesilmiş ve 8 parçaya bölünmüş
- 2 oz / 50 gr demet düz yapraklı maydanoz
- 2 oz / 50 gr demet kişniş
- 5 dal kekik
- 1 küçük biberiye dalı
- ¾ oz / 20 g dereotu, ayrıca süslemek için ekstra
- 3 defne yaprağı
- 3½ oz / 100 gr taze zencefil, ince dilimlenmiş
- 20 adet karabiber
- 5 yenibahar meyvesi
- tuz

KNAIDLACH (Yapım: 12 ila 15)

- 2 ekstra büyük yumurta
- 2½ yemek kaşığı / 40 gr margarin veya tavuk yağı, eritilmiş ve biraz soğumaya bırakılmış
- 2 yemek kaşığı ince kıyılmış düz yapraklı maydanoz
- ⅔ bardak / 75 gr matzo unu
- 4 yemek kaşığı soda
- tuz ve taze çekilmiş karabiber

TALİMATLAR

a) Knaidlach'ı yapmak için yumurtaları orta boy bir kasede köpürene kadar çırpın. Eritilmiş margarini, ardından ½ çay kaşığı tuzu, biraz karabiberi ve maydanozu çırpın. Yavaş yavaş matzo unu ve ardından soda suyunu ilave edin ve homojen bir macun elde edinceye kadar karıştırın. Kaseyi kapatın ve hamuru soğuyuncaya ve sertleşinceye kadar, en az bir veya iki saat ve 1 gün öncesine kadar soğutun.

b) Bir fırın tepsisini plastik ambalajla hizalayın. Islak elleriniz ve bir kaşık kullanarak hamurdan küçük ceviz büyüklüğünde toplar yapın ve fırın tepsisine dizin.

c) Matzo toplarını hafifçe kaynayan tuzlu suyla dolu büyük bir tencereye bırakın. Kısmen bir kapakla örtün ve ısıyı en aza indirin. Yaklaşık 30 dakika yumuşayana kadar yavaşça pişirin.

d) Delikli bir kaşık kullanarak knaidlach'ı soğuyabilecekleri temiz bir fırın tepsisine aktarın ve ardından bir güne kadar soğutulun. Veya doğrudan sıcak çorbaya girebilirler.

e) Çorba için tavuğun fazla yağını alın ve atın. Yağı çok büyük bir tencereye veya Hollandalı fırına dökün ve tavuk parçalarını yüksek ateşte her taraftan 3 ila 4 dakika kızartın. Tavayı çıkarın, yağı atın ve tavayı silin. Şarabı ekleyin ve bir dakika kadar köpürmesini bekleyin. Tavuğu geri koyun, üzerini suyla örtün ve çok hafif bir kaynamaya getirin. Yaklaşık 10 dakika kadar kaynatıp köpüğü süzün. Havuç, kereviz, soğan ve şalgamı ekleyin. Tüm otları ip ile bir demet halinde bağlayın ve tencereye ekleyin. Defne yaprağını, zencefili, karabiberi, yenibaharı ve 1½ çay kaşığı tuzu ekleyin ve ardından her şeyi iyice kaplayacak kadar su dökün.

f) Çorbayı çok hafif bir kaynama noktasına getirin ve 1½ saat pişirin, arada sırada yağını alın ve her şeyin iyice kaplanmasını sağlamak için gerektiği kadar su ekleyin. Tavuğu çorbadan çıkarın ve eti kemiklerinden çıkarın. Eti nemli tutmak için biraz et suyuyla birlikte bir kasede saklayın ve buzdolabında saklayın; başka bir kullanım için ayırın. Kemikleri tencereye geri koyun ve bir saat daha pişirin, kemikleri ve sebzeleri kaplayacak kadar su ekleyin. Sıcak çorbayı süzün ve otları, sebzeleri ve kemikleri atın. Pişmiş knaidlach'ı çorbada ısıtın. Sıcak olduklarında çorbayı ve knaidlach'ı dereotu serpilmiş sığ kaselerde servis edin.

65. Köfte ile baharatlı freekeh çorbası

Yapım: 6
KÖFTELER

İÇİNDEKİLER

- 14 oz / 400 gr kıyma, kuzu eti veya her ikisinin kombinasyonu
- 1 küçük soğan (toplamda 5 oz / 150 g), ince doğranmış
- 2 yemek kaşığı ince kıyılmış düz yapraklı maydanoz
- ½ çay kaşığı öğütülmüş yenibahar
- ¼ çay kaşığı öğütülmüş tarçın
- 3 yemek kaşığı çok amaçlı un
- 2 yemek kaşığı zeytinyağı
- tuz ve taze çekilmiş karabiber
- ÇORBA
- 2 yemek kaşığı zeytinyağı
- 1 büyük soğan (toplamda 9 oz / 250 g), doğranmış
- 3 diş sarımsak, ezilmiş
- 2 havuç (toplamda 9 oz / 250 g), soyulmuş ve ⅜ inç / 1 cm küpler halinde kesilmiş
- 2 kereviz sapı (toplamda 5 oz / 150 g), ⅜ inç / 1 cm'lik küpler halinde kesilmiş
- 3 büyük domates (toplamda 12 oz / 350 g), doğranmış
- 2½ yemek kaşığı / 40 gr domates salçası
- 1 yemek kaşığı baharat karışımı (mağazadan satın alınan veyatarifi gör)
- 1 yemek kaşığı öğütülmüş kişniş
- 1 tarçın çubuğu
- 1 yemek kaşığı ince şeker
- 1 su bardağı / 150 gr kırık freekeh
- 2 su bardağı / 500 ml et suyu
- 2 su bardağı / 500 ml tavuk suyu
- 3¼ su bardağı / 800 ml sıcak su
- ⅓ oz / 10 gr kişniş, doğranmış
- 1 limon, 6 dilime bölünmüş

TALİMATLAR

a) Köftelerle başlayın. Büyük bir kapta eti, soğanı, maydanozu, yenibaharı, tarçını, ½ çay kaşığı tuzu ve ¼ çay kaşığı biberi karıştırın. Ellerinizi kullanarak iyice karıştırın, ardından karışımı pinpon büyüklüğünde toplar haline getirin ve bunları unun içinde yuvarlayın; yaklaşık 15 tane elde edeceksiniz. Zeytinyağını büyük bir Hollanda fırınında ısıtın ve köfteleri orta ateşte her tarafı altın rengi kahverengi olana kadar birkaç dakika kızartın. Köfteleri çıkarın ve bir kenara koyun.

b) Tavayı kağıt havluyla silin ve çorba için zeytinyağını ekleyin. Orta ateşte soğanı ve sarımsağı 5 dakika kavurun. Havuç ve kereviz ekleyip 2 dakika pişirin. Domatesleri, salçayı, baharatları, şekeri, 2 çay kaşığı tuzu ve ½ çay kaşığı biberi ekleyip 1 dakika daha pişirin. Freekeh'i karıştırın ve 2 ila 3 dakika pişirin. Et suyunu, sıcak suyu ve köfteleri ekleyin. Kaynatın, ısıyı azaltın ve ara sıra karıştırarak 35 ila 45 dakika daha, freekeh dolgun ve yumuşak oluncaya kadar çok yavaş pişirin. Çorba oldukça kalın olmalı. Gerektiğinde biraz su azaltın veya ekleyin. Son olarak baharatı tadın ve ayarlayın.

c) Sıcak çorbayı servis kaselerine alın ve üzerine kişniş serpin. Yanında limon dilimlerini servis edin.

66. Narlı Kişnişli Kuzu Dolmalı Ayva

Yapım: 4

İÇİNDEKİLER

- 14 oz / 400 gr kıyma kuzu
- 1 diş sarımsak, ezilmiş
- 1 kırmızı şili, doğranmış
- ⅔ oz / 20 gr doğranmış kişniş ve süslemek için 2 yemek kaşığı
- ½ su bardağı / 50 gr ekmek kırıntısı
- 1 çay kaşığı öğütülmüş yenibahar
- 2 yemek kaşığı ince rendelenmiş taze zencefil
- 2 orta boy soğan, ince doğranmış (1⅓ bardak / toplam 220 g)
- 1 büyük serbest gezinen yumurta
- 4 ayva (toplamda 2¾ lb / 1,3 kg)
- ½ limon suyu ve 1 yemek kaşığı taze sıkılmış limon suyu
- 3 yemek kaşığı zeytinyağı
- 8 adet kakule kabuğu
- 2 çay kaşığı nar pekmezi
- 2 çay kaşığı şeker
- 2 su bardağı / 500 ml tavuk suyu
- ½ nar çekirdeği
- tuz ve taze çekilmiş karabiber

TALİMATLAR

a) Kuzu eti, sarımsak, kırmızı biber, kişniş, galeta unu, yenibahar, zencefilin yarısı, soğanın yarısı, yumurta, ¾ çay kaşığı tuz ve biraz biberle birlikte bir karıştırma kabına koyun. Elinizle iyice karıştırıp bir kenara koyun.

b) Ayvaları soyun ve uzunlamasına ikiye bölün. Kararmamaları için yarım limonun suyuyla dolu bir kase soğuk suya koyun. Çekirdeklerini çıkarmak için bir kavun kalıbı veya küçük bir kaşık kullanın ve ardından ⅔ inç / 1,5 cm'lik bir kabuk kalacak şekilde ayva yarımlarının içini boşaltın. Çıkardığınız eti saklayın. Ellerinizi kullanarak aşağıya doğru bastırarak boşlukları kuzu karışımıyla doldurun.

c) Kapağı olan geniş bir tavada zeytinyağını ısıtın. Ayva etini bir mutfak robotuna yerleştirin, iyice doğrayın ve ardından karışımı kalan soğan, zencefil ve kakule kabuklarıyla birlikte tavaya aktarın. Soğan yumuşayana kadar 10 ila 12 dakika soteleyin. Pekmezi, 1 yemek kaşığı limon suyunu, şekeri, et suyunu, ½ çay kaşığı tuzu ve biraz karabiberi ekleyip iyice karıştırın. Ayva yarımlarını, et dolgusu yukarı bakacak şekilde sosa ekleyin, ısıyı hafifçe kaynatın, tavanın kapağını kapatın ve yaklaşık 30 dakika pişirin. Sonunda ayva tamamen yumuşak, et iyi pişmiş ve sos kalın olmalıdır. Gerekirse sosu azaltmak için kapağı kaldırın ve bir veya iki dakika pişirin.

d) Üzerine kişniş ve nar taneleri serperek ılık veya oda sıcaklığında servis yapın.

67. Şalgam ve dana eti "kek"

Yapım: 4

İÇİNDEKİLER

- 1⅔ su bardağı / 300 gr basmati pirinci
- 14 oz / 400 gr kıyma, kuzu veya dana eti
- ½ bardak / 30 gr doğranmış düz yapraklı maydanoz
- 1½ çay kaşığı baharat karışımı (mağazadan satın alınan veyatarifi gör)
- ½ çay kaşığı öğütülmüş tarçın
- ½ çay kaşığı şili gevreği
- 2 yemek kaşığı zeytinyağı
- 10 ila 15 orta boy şalgam (toplamda 3¼ lb / 1,5 kg)
- yaklaşık 1⅔ bardak / 400 ml ayçiçek yağı
- 2 bardak / 300 gr doğranmış domates, konserve iyidir
- 1½ yemek kaşığı demirhindi ezmesi
- ¾ bardak artı 2 yemek kaşığı / 200 ml tavuk suyu, sıcak
- 1 su bardağı / 250 ml su
- 1½ yemek kaşığı ince şeker
- 2 dal kekik, yaprakları toplanmış
- tuz ve taze çekilmiş karabiber

TALİMATLAR

a) Pirinci güzelce yıkayıp süzün. Geniş bir karıştırma kabına eti, maydanozu, baharatı, tarçını, 2 çay kaşığı tuzu, ½ çay kaşığı biberi, kırmızı biberi ve zeytinyağını ekleyin. İyice karıştırın ve bir kenara koyun.

b) Şalgamları soyun ve ⅜ inç / 1 cm kalınlığında dilimler halinde kesin. Yeterli miktarda ayçiçek yağını orta-yüksek ateşte, büyük bir kızartma tavasının kenarlarına ¾ inç / 2 cm kadar gelecek şekilde ısıtın. Şalgam dilimlerini, altın rengi olana kadar parti başına 3 ila 4 dakika boyunca gruplar halinde kızartın. Kağıt havluyla kaplı bir tabağa aktarın, biraz tuz serpin ve soğumaya bırakın.

c) Domatesleri, demirhindiyi, et suyunu, suyu, şekeri, 1 çay kaşığı tuzu ve ½ çay kaşığı biberi geniş bir karıştırma kabına koyun. İyice çırpın. Bu sıvının yaklaşık üçte birini orta, kalın tabanlı bir tencereye (9½ inç / 24 cm çapında) dökün. Şalgam dilimlerinin üçte birini içlerine dizin. Pirinç karışımının yarısını ekleyin ve seviyelendirin. Başka bir şalgam tabakasını ve ardından pirincin ikinci yarısını düzenleyin. Ellerinizle hafifçe bastırarak şalgamların sonuncusunu bitirin. Kalan domates suyunu şalgam ve pirinç katmanlarının üzerine dökün ve üzerine kekik serpin. Meyve sularının dibe akmasını sağlamak için bir spatulayı yavaşça tencerenin kenarlarından aşağı doğru kaydırın.

d) Orta ateşte koyun ve kaynatın. Isıyı mutlak minimuma indirin, örtün ve 1 saat pişirin. Servis yapmadan önce ısıyı çıkarın, kapağını açın ve 10 ila 15 dakika dinlenmeye bırakın. Ne yazık ki, şeklini korumadığı için pastayı tabağa ters çevirmek imkansızdır, bu nedenle kaşıkla alınması gerekir.

68. Hannukah Soğan dolması

Yapar: YAKLAŞIK 16 SOĞAN DOLMASI

İÇİNDEKİLER

- 4 büyük soğan (toplamda 2 lb / 900 g, soyulmuş ağırlık) yaklaşık 1⅔ bardak / 400 ml sebze suyu
- 1½ yemek kaşığı nar pekmezi
- tuz ve taze çekilmiş karabiber
- İSTİFLEME
- 1½ yemek kaşığı zeytinyağı
- 1 su bardağı / 150 gr ince doğranmış arpacık soğan
- ½ bardak / 100 gr kısa taneli pirinç
- ¼ bardak / 35 gr çam fıstığı, ezilmiş
- 2 yemek kaşığı doğranmış taze nane
- 2 yemek kaşığı kıyılmış düz yapraklı maydanoz
- 2 çay kaşığı kuru nane
- 1 çay kaşığı öğütülmüş kimyon
- ⅛ çay kaşığı öğütülmüş karanfil
- ¼ çay kaşığı öğütülmüş yenibahar
- ¾ çay kaşığı tuz
- ½ çay kaşığı taze çekilmiş karabiber
- 4 dilim limon (isteğe bağlı)

TALİMATLAR

a) Soğanların üst ve kuyruk kısımlarını yaklaşık 0,5 cm soyun ve kesin, doğranmış soğanları bol suyla büyük bir tencereye koyun, kaynatın ve 15 dakika pişirin. Süzün ve soğuması için bir kenara koyun.

b) İç harcını hazırlamak için orta boy bir tavada zeytinyağını orta-yüksek ateşte ısıtın ve arpacık soğanları ekleyin. Sık sık karıştırarak 8 dakika soteleyin, ardından limon dilimleri hariç kalan tüm malzemeleri ekleyin. Isıyı en aza indirin ve 10 dakika kadar pişirmeye ve karıştırmaya devam edin.

c) Küçük bir bıçak kullanarak, soğanın üst kısmından alt kısmına kadar, ortasına kadar uzanan uzun bir kesim yapın, böylece her soğan katmanında yalnızca bir yarık geçer. Çekirdeğe ulaşana kadar soğan katmanlarını birbiri ardına yavaşça ayırmaya başlayın. Bazı katmanlar soyulma sırasında biraz yırtılırsa endişelenmeyin; bunları hâlâ kullanabilirsiniz.

d) Bir elinize bir kat soğan tutun ve soğanın yarısına yaklaşık 1 çorba kaşığı pirinç karışımını kaşıkla, dolguyu açıklığın bir ucuna yakın bir yere yerleştirin. Daha fazla doldurmaya çalışmayın çünkü güzel ve sıkı bir şekilde sarılması gerekiyor. Soğanın boş tarafını dolmanın üzerine katlayıp sıkıca sarın, böylece pirinç birkaç kat soğanla kaplanacak ve ortası hava kalmayacak. Kapağı olan orta boy bir tavaya, dikiş tarafı aşağı bakacak şekilde yerleştirin ve kalan soğan ve pirinç karışımıyla devam edin. Soğanları tavaya yan yana dizin, böylece hareket edecek yer kalmaz. Boşlukları soğanın doldurulmamış kısımlarıyla doldurun. Nar pekmezi ile birlikte soğanların dörtte üçünü kaplayacak kadar et suyu ekleyin ve ¼ çay kaşığı tuzla baharatlayın.

e) Tavayı kapatın ve mümkün olan en düşük ateşte, sıvı buharlaşana kadar 1½ ila 2 saat pişirin. Dilerseniz ılık veya oda sıcaklığında limon dilimleri ile servis yapın.

69. Hannukaiçli köfteyi aç

Yapım: 6

İÇİNDEKİLER

- 1 su bardağı / 125 gr ince bulgur
- 1 su bardağı / 200 ml su
- 6 yemek kaşığı / 90 ml zeytinyağı
- 2 diş sarımsak, ezilmiş
- 2 orta boy soğan, ince doğranmış
- 1 yeşil şili, ince doğranmış
- 12 oz / 350 gr kıyma kuzu
- 1 çay kaşığı öğütülmüş yenibahar
- 1 çay kaşığı öğütülmüş tarçın
- 1 çay kaşığı öğütülmüş kişniş
- 2 yemek kaşığı iri kıyılmış kişniş
- ½ su bardağı / 60 gr çam fıstığı
- 3 yemek kaşığı iri kıyılmış düz yapraklı maydanoz
- 2 yemek kaşığı kendiliğinden kabaran un, ayrıca gerekirse biraz daha fazla
- 3½ yemek kaşığı / 50 gr hafif tahin ezmesi
- 2 çay kaşığı taze sıkılmış limon suyu
- 1 çay kaşığı sumak
- tuz ve taze çekilmiş karabiber

TALİMATLAR

a) Fırını önceden 400°F / 200°C'ye ısıtın. Mumlu kağıtla 8 inç / 20 cm'lik yaylı bir tavayı hizalayın.

b) Bulguru geniş bir kaseye koyun ve üzerini suyla kaplayın. 30 dakika bekletin.

c) Bu arada, büyük bir tavada 4 yemek kaşığı zeytinyağını orta-yüksek ateşte ısıtın. Sarımsak, soğan ve şiliyi tamamen yumuşayana kadar soteleyin. Tavadaki her şeyi çıkarın, yüksek ısıya getirin ve kuzu eti ekleyin. Sürekli karıştırarak 5 dakika, kahverengi olana kadar pişirin.

d) Soğan karışımını tekrar tavaya alın ve baharatları, kişnişi, ½ çay kaşığı tuzu, bol miktarda öğütülmüş karabiberi ve birazını bir kenara bırakarak çam fıstığı ve maydanozun çoğunu ekleyin. Birkaç dakika pişirin, ocaktan alın, tadına bakın ve baharatını ayarlayın.

e) Bulgurun suyunun tamamını çekip çekmediğini kontrol edin. Kalan sıvıyı çıkarmak için boşaltın. Unu, 1 yemek kaşığı zeytinyağını, ¼ çay kaşığı tuzu ve bir tutam karabiberi ekleyin ve her şeyi bir arada tutan esnek bir karışım haline getirmek için ellerinizi kullanın; Karışım çok yapışkansa biraz daha un ekleyin. Sıkıştırılıp düzleştirilmesi için yaylı tavanın tabanına sıkıca bastırın. Kuzu karışımını eşit şekilde üstüne yayın ve biraz bastırın. Et oldukça koyu kahverengi ve çok sıcak olana kadar yaklaşık 20 dakika pişirin.

f) Beklerken tahin ezmesini limon suyu, 3½ yemek kaşığı / 50 ml su ve bir tutam tuzla birlikte çırpın. Çok koyu ama akabilir bir sosun peşindesiniz. Gerekirse biraz daha su ekleyin.

g) İçli köfteyi fırından çıkarın, üzerine tahin sosunu eşit şekilde yayın, üzerine ayırdığınız çam fıstığını ve kıyılmış maydanozu serpin ve hemen fırına geri dönün. Tahin yeni ayarlanıp biraz renk alana ve çam fıstıkları altın rengine dönene kadar 10 ila 12 dakika pişirin.

h) Fırından çıkarın ve ılık veya oda sıcaklığına gelene kadar soğumaya bırakın. Servis yapmadan önce üzerine sumak serpin ve kalan yağı gezdirin. Tavanın kenarlarını dikkatlice çıkarın ve içli köfteyi dilimler halinde kesin. Kırılmamaları için yavaşça kaldırın.

70. <u>Kubbeh hamusta</u>

İÇİNDEKİLER

KUBBEH DOLMASI

- 1½ yemek kaşığı ayçiçek yağı
- ½ orta boy soğan, çok ince doğranmış (½ su bardağı / toplam 75 gr)
- 12 oz / 350 gr kıyma
- ½ çay kaşığı öğütülmüş yenibahar
- 1 büyük diş sarımsak, ezilmiş
- 2 soluk kereviz sapı, çok ince doğranmış veya eşit miktarda doğranmış kereviz yaprağı (½ bardak / toplam 60 g)
- tuz ve taze çekilmiş karabiber
- KUBBEH VAKALARI
- 2 su bardağı / 325 gr irmik
- 5 yemek kaşığı / 40 gr çok amaçlı un
- 1 su bardağı / 220 ml sıcak su
- ÇORBA
- 4 diş sarımsak, ezilmiş
- 5 kereviz sapı, toplanan yapraklar ve saplar açılı olarak ⅔ inç / 1,5 cm dilimler halinde kesilmiş (toplamda 2 bardak / 230 g)
- 10½ oz / 300 g pazı yaprağı, yalnızca yeşil kısmı, ⅔ inç / 2 cm'lik şeritler halinde kesilmiş
- 2 yemek kaşığı ayçiçek yağı
- 1 büyük soğan, iri doğranmış (1¼ bardak / toplam 200 g)
- 2 litre / 2 litre tavuk suyu
- 1 büyük kabak, ⅜ inç / 1 cm küpler halinde kesilmiş (1⅓ bardak / toplam 200 g)
- 6½ yemek kaşığı / 100 ml taze sıkılmış limon suyu, artı gerekirse ekstra
- servis için limon dilimleri

TALİMATLAR

a) İlk önce et dolmasını hazırlayın. Yağı orta boy bir tavada ısıtın ve soğanı ekleyin. Yarı saydam olana kadar orta ateşte yaklaşık 5 dakika pişirin. Sığır eti, yenibahar, ¾ çay kaşığı tuz ve iyice öğütülmüş karabiber ekleyin ve 3 dakika boyunca sadece kahverengileşene kadar karıştırarak pişirin. Isıyı orta-düşük seviyeye indirin ve etin tamamen kuruyana kadar ara sıra karıştırarak yaklaşık 20 dakika yavaş yavaş pişmesine izin verin. Sonunda sarımsak ve kerevizi ekleyin, 3 dakika daha pişirin ve ocaktan alın. Baharatı tadın ve ayarlayın. Soğumaya bırakın.

b) Sığır eti karışımı pişerken kubbeh kılıflarını hazırlayın. İrmik, un ve ¼ çay kaşığı tuzu geniş bir karıştırma kabında karıştırın. Yavaş yavaş suyu ekleyerek tahta kaşıkla ve ardından elinizle, ele yapışan bir hamur elde edinceye kadar karıştırın. Üzerini nemli bir bezle örtüp 15 dakika dinlenmeye bırakın.

c) Hamuru çalışma yüzeyinde birkaç dakika yoğurun. Esnek ve çatlamadan yayılabilir olmalıdır. Gerekirse biraz su veya un ekleyin. Köfteleri hazırlamak için bir kase su alın ve ellerinizi ıslatın (yapışmayı önlemek için işlem boyunca ellerinizin ıslak olduğundan emin olun). Yaklaşık 1 oz / 30 g ağırlığında bir parça hamur alın ve avucunuzun içinde düzleştirin; çapı 4 inç / 10 cm olan diskleri hedefliyorsunuz. Ortasına 2 çay kaşığı kadar iç harçtan koyun. Kenarlarını iç malzemeyi kaplayacak şekilde katlayın ve ardından içine kapatın. Köfteyi bir top oluşturacak şekilde elleriniz arasında yuvarlayın ve ardından yaklaşık 1¼ inç / 3 cm kalınlığında yuvarlak, düz bir şekil elde edecek şekilde aşağı doğru bastırın. Köfteleri plastik ambalajla kaplı ve üzerine biraz su serpilmiş bir tepsiye yerleştirin ve bir kenarda bırakın.

d) Çorba için sarımsağı, kerevizin yarısını ve pazının yarısını mutfak robotuna koyun ve kaba bir macun haline gelinceye kadar karıştırın. Yağı büyük bir tencerede orta ateşte ısıtın ve soğanı soluk altın rengi olana kadar yaklaşık 10 dakika soteleyin. Kereviz ve pazı ezmesini ekleyip 3 dakika daha pişirin. Et suyunu, kabakları, kalan kereviz ve pazıyı, limon suyunu, 1 çay kaşığı tuzu ve ½ çay kaşığı karabiberi ekleyin. Kaynatın ve 10 dakika pişirin, ardından tadın ve baharatını ayarlayın. Keskin olması gerekiyor, bu nedenle gerekirse bir çorba kaşığı limon suyu daha ekleyin.

e) Son olarak kubbeyi birbirine yapışmaması için teker teker çorbaya dikkatlice ekleyin ve 20 dakika kadar yavaşça pişirin. Yerleşmeleri ve yumuşamaları için yarım saat kadar bir kenara bırakın, ardından tekrar ısıtıp servis yapın. Ekstra limonlu bir vuruş için bir dilim limonla eşlik edin.

71. Romano Biber Dolması

Yapar: 4 Cömertçe

İÇİNDEKİLER

- 8 orta boy Romano veya diğer tatlı biber
- 1 büyük domates, iri doğranmış (1 su bardağı / toplam 170 gr)
- 2 orta boy soğan, iri doğranmış (1⅓ bardak / toplam 250 g)
- yaklaşık 2 su bardağı / 500 ml sebze suyu
- İSTİFLEME
- ¾ su bardağı / 140 gr basmati pirinci
- 1½ yemek kaşığı baharat karışımı (mağazadan satın alınan veyatarifi gör)
- ½ çay kaşığı öğütülmüş kakule
- 2 yemek kaşığı zeytinyağı
- 1 büyük soğan, ince doğranmış (1⅓ bardak / toplam 200 gr)
- 14 oz / 400 gr kıyma kuzu
- 2½ yemek kaşığı kıyılmış düz yapraklı maydanoz
- 2 yemek kaşığı kıyılmış dereotu
- 1½ yemek kaşığı kuru nane
- 1½ çay kaşığı şeker
- tuz ve taze çekilmiş karabiber

TALİMATLAR

a) Doldurmayla başlayın. Pirinci bir tencereye koyun ve üzerini hafif tuzlu suyla örtün. Kaynatın ve ardından 4 dakika pişirin. Süzün, soğuk su altında tazeleyin ve bir kenara koyun.

b) Baharatları bir tavada iyice kavurun. Zeytinyağı ve soğanı ekleyip, sık sık karıştırarak, soğan yumuşayana kadar yaklaşık 7 dakika kızartın. Bunu pirinç, et, otlar, şeker ve 1 çay kaşığı tuzla birlikte büyük bir karıştırma kabına dökün. Her şeyi iyice karıştırmak için ellerinizi kullanın.

c) Sap ucundan başlayarak, küçük bir bıçak kullanarak her bir biberi sapı çıkarmadan dörtte üç oranında uzunlamasına keserek uzun bir açıklık oluşturun. Biberleri fazla zorlamadan çekirdeklerini çıkarın ve her bir biberin içine eşit miktarda karışımdan doldurun.

d) Doğranmış domatesi ve soğanı, kapağını sıkıca kapattığınız çok büyük bir tavaya koyun. Biberleri üst üste dizin, birbirine yakın şekilde yerleştirin ve biberlerin kenarlarından 1 cm yukarıya gelecek şekilde yeterli miktarda et suyunu dökün. ½ çay kaşığı tuz ve biraz karabiber ile tatlandırın. Tavayı bir kapakla kapatın ve mümkün olan en düşük ateşte bir saat pişirin. Doldurmanın sadece buharda pişirilmesi önemlidir, bu nedenle kapağın sıkıca oturması gerekir; Tavanın dibinde her zaman bir miktar sıvı olduğundan emin olun. Biberleri sıcak değil, ılık veya oda sıcaklığında servis edin.

72. Kuzu ve Çam Fıstıklı Patlıcan Dolması

Yapar: 4 Cömertçe

İÇİNDEKİLER

- 4 orta boy patlıcan (yaklaşık 2½ lb / 1,2 kg), uzunlamasına ikiye bölünmüş
- 6 yemek kaşığı / 90 ml zeytinyağı
- 1½ çay kaşığı öğütülmüş kimyon
- 1½ yemek kaşığı tatlı kırmızı biber
- 1 yemek kaşığı öğütülmüş tarçın
- 2 orta boy soğan (toplamda 12 oz / 340 g), ince doğranmış
- 1 lb / 500 gr öğütülmüş kuzu
- 7 yemek kaşığı / 50 gr çam fıstığı
- ⅔ oz / 20 gr düz yapraklı maydanoz, doğranmış
- 2 çay kaşığı domates salçası
- 3 çay kaşığı ince şeker
- ⅔ su bardağı / 150 ml su
- 1½ yemek kaşığı taze sıkılmış limon suyu
- 1 çay kaşığı demirhindi ezmesi
- 4 tarçın çubuğu
- tuz ve taze çekilmiş karabiber

TALİMATLAR

a) Fırını önceden 425°F / 220°C'ye ısıtın.

b) Patlıcan yarımlarını, kabukları aşağı bakacak şekilde, rahatça sığacak kadar büyük bir kızartma tavasına yerleştirin. Eti 4 yemek kaşığı zeytinyağıyla fırçalayın ve 1 çay kaşığı tuz ve bol karabiberle tatlandırın. Altın kahverengi olana kadar yaklaşık 20 dakika kızartın. Fırından çıkarın ve hafifçe soğumasını bekleyin.

c) Patlıcanlar pişerken kalan 2 yemek kaşığı zeytinyağını geniş bir tavada ısıtarak iç harcını yapmaya başlayabilirsiniz. Kimyonu, kırmızı biberi ve tarçını karıştırın ve bu baharat karışımının yarısını soğanlarla birlikte tavaya ekleyin. Orta-yüksek ateşte sık sık karıştırarak yaklaşık 8 dakika pişirin, ardından kuzu eti, çam fıstığı, maydanoz, salça, 1 çay kaşığı şeker, 1 çay kaşığı tuz ve biraz karabiber ekleyin. Et pişene kadar 8 dakika daha pişirmeye ve karıştırmaya devam edin.

d) Kalan baharat karışımını bir kaseye koyun ve üzerine su, limon suyu, demirhindi, kalan 2 çay kaşığı şeker, çubuk tarçın ve ½ çay kaşığı tuzu ekleyin; iyice karıştırın.

e) Fırın sıcaklığını 375°F / 195°C'ye düşürün. Baharat karışımını patlıcan kızartma tavasının tabanına dökün. Kuzu karışımını her patlıcanın üzerine kaşıkla dökün. Tavayı alüminyum folyo ile sıkıca kapatın, fırına geri dönün ve 1½ saat kızartın; bu noktada patlıcanlar tamamen yumuşamış ve sos koyulaşmış olacaktır; Pişirme sırasında iki kez folyoyu çıkarın ve patlıcanların üzerine sos sürün, sos kururesa biraz su ekleyin. Sıcak değil, ılık veya oda sıcaklığında servis yapın.

73. Doldurulmuş patates

Yapar: 4 ila 6

İÇİNDEKİLER
- 1 lb / 500 gr kıyma
- yaklaşık 2 bardak / 200 gr beyaz ekmek kırıntısı
- 1 orta boy soğan, ince doğranmış (¾ su bardağı / toplam 120 gr)
- 2 diş sarımsak, ezilmiş
- ⅔ oz / 20 gr düz yapraklı maydanoz, ince doğranmış
- 2 yemek kaşığı kekik yaprağı, doğranmış
- 1½ çay kaşığı öğütülmüş tarçın
- 2 büyük serbest gezinen yumurta, dövülmüş
- 3¼ lb / 1,5 kg orta boy Yukon Altın patates, yaklaşık 3¾ x 2¼ inç / 9 x 6 cm, soyulmuş ve uzunlamasına ikiye bölünmüş
- 2 yemek kaşığı kıyılmış kişniş
- tuz ve taze çekilmiş karabiber

DOMATES SOSU
- 2 yemek kaşığı zeytinyağı
- 5 diş sarımsak, ezilmiş
- 1 orta boy soğan, ince doğranmış (¾ su bardağı / toplam 120 gr)
- 1½ kereviz sapı, ince doğranmış (⅔ bardak / toplam 80 g)
- 1 küçük havuç, soyulmuş ve ince doğranmış (½ su bardağı / toplam 70 gr)
- 1 kırmızı şili, ince doğranmış
- 1½ çay kaşığı öğütülmüş kimyon
- 1 çay kaşığı öğütülmüş yenibahar
- bir tutam füme kırmızı biber
- 1½ çay kaşığı tatlı kırmızı biber
- 1 çay kaşığı kimyon tohumu, havan ve havan tokmağı veya baharat öğütücü ile ezilmiş
- bir adet 28 oz / 800g doğranmış domates konservesi
- 1 yemek kaşığı demirhindi ezmesi
- 1½ çay kaşığı ince şeker

TALİMATLAR

a) Domates sosuyla başlayın. Zeytinyağını elinizdeki en geniş tavada ısıtın; bunun için ayrıca bir kapağa ihtiyacınız olacak. Sarımsak, soğan, kereviz, havuç ve şiliyi ekleyip kısık ateşte sebzeler yumuşayana kadar 10 dakika soteleyin. Baharatları ekleyin, iyice karıştırın ve 2-3 dakika pişirin. Doğranmış domatesleri, demirhindiyi, şekeri, ½ çay kaşığı tuzu ve biraz karabiberi ekleyip kaynatın. Isıdan çıkarın.

b) Patates dolması için dana eti, galeta unu, soğan, sarımsak, maydanoz, kekik, tarçın, 1 çay kaşığı tuz, biraz karabiber ve yumurtaları bir karıştırma kabına koyun. Tüm malzemeleri iyice birleştirmek için ellerinizi kullanın.

c) Her bir patates yarısını bir kavun oyacağı veya bir çay kaşığı ile oyup 1,5 cm kalınlığında bir kabuk oluşturun. Et karışımını her boşluğa doldurun, ellerinizi kullanarak patatesleri tamamen dolduracak şekilde aşağı doğru bastırın. Tüm patatesleri, et dolgusu yukarı bakacak şekilde birbirine yakın oturacak şekilde dikkatlice domates sosuna bastırın. Yaklaşık 1¼ bardak / 300 ml su veya köfteleri neredeyse sosla kaplayacak kadar su ekleyin, hafif kaynamaya getirin, tavayı bir kapakla kapatın ve en az 1 saat, hatta daha uzun süre, sos pişene kadar yavaş yavaş pişmeye bırakın. kalındır ve patatesler çok yumuşaktır. Sos yeterince koyulaşmamışsa kapağı çıkarın ve 5 ila 10 dakika kadar azaltın. Kişniş ile süslenerek sıcak veya ılık olarak servis yapın.

74. Bezelye ve dereotu ile enginar dolması

Yapım: 4

İÇİNDEKİLER

- 14 oz / 400 g pırasa, kesilmiş ve ¼ inç / 0,5 cm dilimler halinde kesilmiş
- 9 oz / 250 gr kıyma
- 1 büyük serbest gezinen yumurta
- 1 çay kaşığı öğütülmüş yenibahar
- 1 çay kaşığı öğütülmüş tarçın
- 2 çay kaşığı kuru nane
- 12 orta boy küre enginar veya çözülmüş dondurulmuş enginar dipleri (girişe bakın)
- 6 yemek kaşığı / 90 ml taze sıkılmış limon suyu, ayrıca taze enginar kullanılıyorsa ½ limon suyu
- ⅓ su bardağı / 80 ml zeytinyağı
- enginarları kaplamak için çok amaçlı un
- yaklaşık 2 su bardağı / 500 ml tavuk veya sebze suyu
- 1⅓ bardak / 200 gr dondurulmuş bezelye
- ⅓ oz / 10 g dereotu, iri kıyılmış
- tuz ve taze çekilmiş karabiber

TALİMATLAR

a) Pırasaları kaynar suda 5 dakika haşlayın. Suyu boşaltın, yenileyin ve sıkın.

b) Pırasayı iri iri doğrayıp et, yumurta, baharatlar, nane, 1 çay kaşığı tuz ve bol karabiberle birlikte karıştırma kabına alın. İyice karıştırın.

c) Taze enginar kullanıyorsanız, su ve ½ limonun suyuyla bir kase hazırlayın. Enginarın sapını çıkarın ve sert dış yapraklarını çıkarın. Daha yumuşak, soluk yapraklara ulaştığınızda, büyük ve keskin bir bıçak kullanarak çiçeğin alt çeyreği kalacak şekilde kesin. Enginarın dış katmanlarını tabanı veya alt kısmı ortaya çıkana kadar çıkarmak için küçük, keskin bir bıçak veya sebze soyucu kullanın. Killi "tıkanıklığı" kazıyın ve tabanı asitli suya koyun. Gerisini atın ve diğer enginarlarla aynı işlemi tekrarlayın.

d) Enginarların düz durabileceği genişlikte bir tencereye 2 yemek kaşığı zeytinyağı koyun ve orta ateşte ısıtın. Her bir enginar tabanını 1 ila 2 yemek kaşığı sığır eti karışımıyla doldurun, dolguyu bastırın. Alt kısımlarını hafifçe unla yuvarlayın, hafifçe kaplayın ve fazlalığı silkeleyin. Sıcak yağda her iki tarafını da 1,5 dakika kızartın. Tavayı temizleyin ve enginarları düz ve yan yana dizerek tekrar tavaya koyun.

e) Et suyunu, limon suyunu ve kalan yağı karıştırın ve bolca tuz ve karabiberle tatlandırın. Enginarların üzerine, neredeyse tamamen suya batıncaya kadar kaşık dolusu sıvı dökün; sıvının tamamına ihtiyacınız olmayabilir. Enginarların üzerine bir parça parşömen kağıdı yerleştirin, tavanın kapağını kapatın ve kısık ateşte 1 saat pişirin. Hazır olduklarında sadece yaklaşık 4 yemek kaşığı sıvı kalmalıdır. Gerekirse kapağı ve kağıdı çıkarıp sosu azaltın. Enginarlar ılık veya oda sıcaklığına gelene kadar tavayı bir kenara koyun.

f) Servis yapmaya hazır olduğunuzda bezelyeleri 2 dakika haşlayın. Bunları ve dereotunu süzün ve enginarlarla birlikte tavaya ekleyin, tadına göre baharatlayın ve her şeyi yavaşça karıştırın.

75. Kudüs Enginarlı Kavrulmuş Tavuk

Yapım: 4

İÇİNDEKİLER

- 1 lb / 450 g Kudüs enginarları, soyulmuş ve uzunlamasına 6 dilime kesilmiş ⅔ inç / 1,5 cm kalınlıkta
- 3 yemek kaşığı taze sıkılmış limon suyu
- 8 derili, kemikli tavuk budu veya 1 orta boy bütün tavuk, dörde bölünmüş
- 12 muz veya diğer büyük arpacık soğanı, boyuna ikiye bölünmüş
- 12 büyük diş sarımsak, dilimlenmiş
- 1 orta boy limon, uzunlamasına ikiye bölünmüş ve daha sonra çok ince dilimlenmiş
- 1 çay kaşığı safran ipi
- 3½ yemek kaşığı / 50 ml zeytinyağı
- ¾ su bardağı / 150 ml soğuk su
- 1¼ yemek kaşığı pembe karabiber, hafifçe ezilmiş
- ¼ bardak / 10 gr taze kekik yaprağı
- 1 bardak / 40 gr tarhun yaprağı, doğranmış
- 2 çay kaşığı tuz
- ½ çay kaşığı taze çekilmiş karabiber

TALİMATLAR

a) Kudüs enginarlarını orta boy bir tencereye koyun, üzerini bol suyla örtün ve limon suyunun yarısını ekleyin. Kaynatın, ısıyı azaltın ve yumuşayana kadar fakat yumuşak olmayana kadar 10 ila 20 dakika pişirin. Süzün ve soğumaya bırakın.

b) Kudüs enginarlarını ve kalan limon suyu ve tarhunun yarısı hariç kalan tüm malzemeleri geniş bir karıştırma kabına koyun ve ellerinizi kullanarak her şeyi iyice karıştırın. Üzerini kapatıp buzdolabında bir gece veya en az 2 saat marine etmeye bırakın.

c) Fırını önceden 475°F / 240°C'ye ısıtın. Tavuk parçalarını derileri yukarı gelecek şekilde kızartma tavasının ortasına yerleştirin ve kalan malzemeleri tavuğun etrafına yayın. 30 dakika kızartın. Tavayı alüminyum folyo ile kapatıp 15 dakika daha pişirin. Bu noktada tavuğun tamamen pişmesi gerekiyor. Fırından çıkarın ve ayrılmış tarhun ve limon suyunu ekleyin. İyice karıştırın, tadın ve gerekirse daha fazla tuz ekleyin. Hemen servis yapın.

76. Freekeh ile haşlanmış tavuk

Yapar: 4 Cömertçe

İÇİNDEKİLER

- 1 küçük serbest gezinen tavuk, yaklaşık 3¼ lb / 1,5 kg
- 2 adet uzun tarçın çubuğu
- 2 orta boy havuç, soyulmuş ve ¾ inç / 2 cm kalınlığında dilimler halinde kesilmiş
- 2 adet defne yaprağı
- 2 demet düz yapraklı maydanoz (toplamda yaklaşık 2½ oz / 70 g)
- 2 büyük soğan
- 2 yemek kaşığı zeytinyağı
- 2 su bardağı / 300 gr kırık freekeh
- ½ çay kaşığı öğütülmüş yenibahar
- ½ çay kaşığı öğütülmüş kişniş
- 2½ yemek kaşığı / 40 gr tuzsuz tereyağı
- ⅔ su bardağı / 60 gr dilimlenmiş badem
- tuz ve taze çekilmiş karabiber

TALİMATLAR

a) Tavuğu tarçın, havuç, defne yaprağı, 1 demet maydanoz ve 1 çay kaşığı tuzla birlikte geniş bir tencereye koyun. 1 adet soğanı dörde bölüp tencereye ekleyin. Tavuğu neredeyse kaplayacak kadar soğuk su ekleyin; kaynatın ve kapağı kapalı olarak 1 saat pişirin, ara sıra yağı ve köpüğü yüzeyden uzaklaştırın.

b) Tavuğun pişmesinin yaklaşık yarısına gelindiğinde ikinci soğanı ince ince dilimleyin ve zeytinyağıyla birlikte orta boy bir tencereye koyun. Soğan altın kahverengi ve yumuşak oluncaya kadar 12 ila 15 dakika orta-düşük ateşte kızartın. Freekeh, yenibahar, kişniş, ½ çay kaşığı tuz ve biraz karabiber ekleyin. İyice karıştırın ve ardından 2½ bardak / 600 ml tavuk suyunu ekleyin. Isıyı orta-yüksek seviyeye yükseltin. Et suyu kaynadığı anda tavayı kapatın ve ısıyı azaltın. 20 dakika boyunca hafifçe pişirin, ardından ocaktan alın ve 20 dakika daha kapağın altında bekletin.

c) Kalan maydanoz demetinin yapraklarını çıkarın ve çok ince olmayacak şekilde doğrayın. Kıyılmış maydanozun çoğunu pişmiş freekeh'e ekleyin ve bir çatalla karıştırın.

d) Tavuğu et suyundan çıkarın ve bir kesme tahtası üzerine yerleştirin. Göğüsleri dikkatlice kesin ve açılı olarak ince dilimleyin; eti bacaklardan ve uyluklardan çıkarın. Tavuğu ve freekeyi sıcak tutun.

e) Servis etmeye hazır olduğunuzda tereyağını, bademleri ve biraz tuzu küçük bir tavaya koyun ve altın rengi oluncaya kadar kızartın. Freekeh'i tek tek servis tabaklarına veya bir tabağa kaşıkla dökün. Bacak ve but etini üstüne koyun, ardından göğüs dilimlerini düzgünce üstüne yerleştirin. Badem, tereyağı ve bir tutam maydanozla tamamlayın.

77. Soğanlı ve Kakuleli Pilavlı Tavuk

Yapım: 4

İÇİNDEKİLER

- 3 yemek kaşığı / 40 gr şeker
- 3 yemek kaşığı / 40 ml su
- 2½ yemek kaşığı / 25 gr kızamık (veya kuş üzümü)
- 4 yemek kaşığı zeytinyağı
- 2 orta boy soğan, ince dilimlenmiş (2 su bardağı / toplam 250 gr)
- 2¼ lb / 1 kg derili, kemikli tavuk budu veya 1 bütün tavuk, dörde bölünmüş
- 10 adet kakule kabuğu
- yuvarlak ¼ çay kaşığı bütün karanfil
- 2 uzun tarçın çubuğu, ikiye bölünmüş
- 1⅔ su bardağı / 300 gr basmati pirinci
- 2¼ su bardağı / 550 ml kaynar su
- 1½ yemek kaşığı / 5 gr düz yapraklı maydanoz yaprağı, doğranmış
- ½ bardak / 5 gr dereotu yaprağı, doğranmış
- ¼ bardak / 5 gr kişniş yaprağı, doğranmış
- ⅓ bardak / 100 gr Yunan yoğurdu, 2 yemek kaşığı zeytinyağıyla karıştırılmış (isteğe bağlı)
- tuz ve taze çekilmiş karabiber

TALİMATLAR

a) Şekeri ve suyu küçük bir tencereye alıp şeker eriyene kadar ısıtın. Ateşten alın, kızamıkları ekleyin ve ıslanması için bir kenara koyun. Kuş üzümü kullanıyorsanız bu şekilde ıslatmanıza gerek yoktur.

b) Bu arada, zeytinyağının yarısını kapağı olan büyük bir sote tavasında orta ateşte ısıtın, soğanı ekleyin ve ara sıra karıştırarak 10-15 dakika, soğan koyu altın rengine dönene kadar pişirin. Soğanı küçük bir kaseye aktarın ve tavayı silerek temizleyin.

c) Tavuğu geniş bir karıştırma kabına yerleştirin ve 1½ çay kaşığı tuz ve karabiberle tatlandırın. Kalan zeytinyağını, kakuleyi, karanfilleri ve tarçını ekleyin ve ellerinizi kullanarak her şeyi iyice karıştırın. Tavayı tekrar ısıtın ve içine tavuk ve baharatları koyun.

Her iki tarafını da 5'er dakika kızartın ve tavadan çıkarın (tavuğu kısmen pişirdiği için bu önemlidir). Baharatlar tavada kalabilir ancak tavuğa yapışırsa endişelenmeyin. Altta sadece ince bir film bırakarak kalan yağın çoğunu da çıkarın. Pirinci, karamelize soğanı, 1 tatlı kaşığı tuzu ve bol karabiberi ekleyin. Barbunyaları da süzüp ekleyin. İyice karıştırın ve kızartılmış tavuğu pirincin içine iterek tavaya geri koyun.

d) Kaynayan suyu pirinç ve tavuğun üzerine dökün, tavanın kapağını kapatın ve çok kısık ateşte 30 dakika pişirin. Tavayı ocaktan alın, kapağını çıkarın, tavanın üzerine hızlı bir şekilde temiz bir kurulama havlusu koyun ve tekrar kapakla kapatın. Yemeği 10 dakika daha rahatsız edilmeden bırakın. Son olarak otları ekleyin ve bir çatal kullanarak karıştırın ve pirinci kabartın. Gerekirse daha fazla tuz ve karabiber tadın ve ekleyin. Dilerseniz sıcak veya ılık olarak yoğurtla servis yapın.

78. Dilimlenmiş ciğer

Yapar: 4 ila 6

İÇİNDEKİLER

- 6½ yemek kaşığı / 100 ml eritilmiş kaz veya ördek yağı
- Dilimlenmiş 2 büyük soğan (toplamda yaklaşık 3 bardak / 400 g)
- 14 oz / 400 g tavuk ciğeri, temizlenmiş ve kabaca 1¼ inç / 3 cm'lik parçalara bölünmüş
- 5 ekstra büyük serbest gezinen yumurta, sert haşlanmış
- 4 yemek kaşığı tatlı şarap
- 1 çay kaşığı tuz
- ½ çay kaşığı taze çekilmiş karabiber
- 2 ila 3 yeşil soğan, ince dilimlenmiş
- 1 yemek kaşığı doğranmış frenk soğanı

TALİMATLAR

a) Kaz yağının üçte ikisini büyük bir tavaya koyun ve soğanları orta ateşte, ara sıra karıştırarak koyu kahverengi olana kadar 10 ila 15 dakika kızartın. Soğanları tavadan çıkarın, bunu yaparken biraz aşağı doğru bastırın, böylece tavada bir miktar yağ kalacak. Gerekirse biraz yağ ekleyin. Ciğerleri ekleyin ve ara sıra karıştırarak, ortaları iyice pişene kadar 10 dakika kadar pişirin; bu aşamada kan gelmemelidir.

b) Birlikte doğramadan önce karaciğerleri soğanla karıştırın. Bunu yapmanın en iyi yolu, doğru dokuyu elde etmek için karışımı iki kez işleyen bir kıyma makinesi kullanmaktır. Kıyma makineniz yoksa mutfak robotu da işe yarayacaktır. Makine kasesinin çok dolu olmaması için soğanları ve ciğerleri iki veya üç seferde karıştırın. 20 ila 30 saniye boyunca nabız atın, ardından karaciğerin ve soğanların eşit şekilde pürüzsüz, ancak yine de "inişli çıkışlı" bir macuna dönüştüğünden emin olarak kontrol edin. Her şeyi büyük bir karıştırma kabına aktarın.

c) Yumurtaları soyun, ikisini kabaca, ikisini de ince ince rendeleyip ciğer karışımına ekleyin. Kalan yağı, tatlı şarabı, tuzu ve karabiberi ekleyin ve her şeyi yavaşça katlayın. Karışımı metalik olmayan düz bir tabağa aktarın ve yüzeyi plastik ambalajla sıkıca kapatın. Soğumaya bırakın ve biraz sertleşmesi için buzdolabında en az 2 saat bekletin.

d) Servis yapmak için kalan yumurtayı ince ince doğrayın. Kıyılmış karaciğeri ayrı ayrı servis tabaklarına koyun, doğranmış yumurta ile süsleyin ve üzerine yeşil soğan ve frenk soğanı serpin.

79. Safranlı Tavuk ve Bitki Salatası

Yapım: 6

İÇİNDEKİLER

- 1 portakal
- 2½ yemek kaşığı / 50 gr bal
- ½ çay kaşığı safran iplikleri
- 1 yemek kaşığı beyaz şarap sirkesi
- 1¼ bardak / yaklaşık 300 ml su
- 2¼ lb / 1 kg derisiz, kemiksiz tavuk göğsü
- 4 yemek kaşığı zeytinyağı
- 2 küçük rezene soğanı, ince dilimlenmiş
- 1 bardak / 15 gr toplanmış kişniş yaprağı
- ⅔ bardak / 15 gr toplanmış fesleğen yaprağı, yırtılmış
- 15 adet koparılmış nane yaprağı, yırtılmış
- 2 yemek kaşığı taze sıkılmış limon suyu
- 1 kırmızı şili, ince dilimlenmiş
- 1 diş sarımsak, ezilmiş
- tuz ve taze çekilmiş karabiber

TALİMATLAR

a) Fırını önceden 400°F / 200°C'ye ısıtın. Portakalın üst kısmından ve kuyruğundan ⅜ inç / 1 cm kesip atın ve kabuğunu açık tutarak 12 dilime kesin. Tohumları çıkarın.

b) Dilimleri bal, safran, sirke ve portakal dilimlerini kaplayacak kadar su ile küçük bir tencereye koyun. Kaynatın ve yaklaşık bir saat kadar yavaşça pişirin. Sonunda elinizde yumuşak portakal ve yaklaşık 3 yemek kaşığı kalın şurup kalmalıdır; Sıvı çok azalırsa pişirme sırasında su ekleyin. Portakalı ve şurubu pürüzsüz, akıcı bir macun haline getirmek için bir mutfak robotu kullanın; gerekirse tekrar biraz su ekleyin.

c) Tavuk göğsünü zeytinyağının yarısı, bol tuz ve karabiberle karıştırıp çok kızgın ızgaralı tavaya dizin. Her tarafta net kömür izleri elde etmek için her iki tarafta yaklaşık 2 dakika kızartın. Bir kızartma tavasına aktarın ve pişene kadar 15 ila 20 dakika fırında tutun.

d) Tavuk elle tutulabilecek kadar soğuduğunda ama yine de sıcak olduğunda, ellerinizle kaba, oldukça büyük parçalara ayırın. Büyük bir karıştırma kabına yerleştirin, portakal ezmesinin yarısını üzerine dökün ve iyice karıştırın. (Diğer yarısını buzdolabında birkaç gün saklayabilirsiniz. Uskumru, somon gibi yağlı balıkların yanında servis edeceğiniz otlu salsaya iyi bir katkı olacaktır.) Kalan malzemeleri de dahil olmak üzere salataya ekleyin. zeytinyağı ve yavaşça fırlatın. Tadına bakın, tuz ve karabiber ekleyin ve gerekirse daha fazla zeytinyağı ve limon suyu ekleyin.

80. <u>Hannukah Tavuk sofrito</u>

İÇİNDEKİLER

- 1 yemek kaşığı ayçiçek yağı
- 1 küçük serbest gezinen tavuk, yaklaşık 3¼ lb / 1,5 kg, tereyağlı veya dörde bölünmüş
- 1 çay kaşığı tatlı kırmızı biber
- ¼ çay kaşığı öğütülmüş zerdeçal
- ¼ çay kaşığı şeker
- 2½ yemek kaşığı taze sıkılmış limon suyu
- 1 büyük soğan, soyulmuş ve dörde bölünmüş
- kızartmak için ayçiçek yağı
- 1⅔ lb / 750 g Yukon Altın patates, soyulmuş, yıkanmış ve ¾ inç / 2 cm'lik zarlar halinde kesilmiş
- 25 diş sarımsak, soyulmamış
- tuz ve taze çekilmiş karabiber

TALİMATLAR

a) Yağı büyük, sığ bir tavaya veya Hollandalı fırına dökün ve orta ateşte koyun. Tavuğu deri tarafı aşağı gelecek şekilde tavaya yerleştirin ve altın kahverengi olana kadar 4 ila 5 dakika kızartın. Her yerini kırmızı biber, zerdeçal, şeker, ¼ çay kaşığı tuz, iyice öğütülmüş karabiber ve 1½ yemek kaşığı limon suyuyla baharatlayın. Tavuğu derisi yukarı bakacak şekilde çevirin, soğanı tavaya ekleyin ve kapağını kapatın. Isıyı en aza indirin ve toplamda yaklaşık 1½ saat pişirin; buna tavuğun patatesle birlikte pişirildiği süre de dahildir. Tavanın altındaki sıvı miktarını kontrol etmek için arada sırada kapağı kaldırın. Buradaki fikir, tavuğun kendi suyunda pişmesi ve buharda pişirilmesidir, ancak tavanın dibinde her zaman ¼ inç / 5 mm sıvı olacak şekilde biraz kaynar su eklemeniz gerekebilir.

b) Tavuk yaklaşık 30 dakika piştikten sonra ayçiçek yağını orta boy bir tencereye 3 cm derinliğe kadar dökün ve orta-yüksek ateşte yerleştirin. Patatesleri ve sarımsakları, biraz renk alıp gevrekleşinceye kadar, parti başına yaklaşık 6 dakika boyunca birkaç parti halinde birlikte kızartın. Her bir partiyi yağdan kağıt havluların üzerine çıkarmak için oluklu bir kaşık kullanın, ardından üzerine tuz serpin.

c) Tavuk 1 saat piştikten sonra tavadan çıkarın ve kızarmış patatesleri ve sarımsağı kaşıkla ekleyip pişirme suyuyla karıştırın. Tavuğu tavaya geri koyun ve kalan pişirme süresi boyunca, yani 30 dakika boyunca patateslerin üzerine koyun. Tavuk kemiğinden ayrılmalı ve patatesler pişirme sıvısına batırılmış ve tamamen yumuşak olmalıdır. Servis yaparken kalan limon suyunu üzerine gezdirin.

81. <u>Hannuka</u><u>Kofta B'siniyah</u>

Yapım: 18 KÖFTA

İÇİNDEKİLER
- ⅔ su bardağı / 150 gr hafif tahin ezmesi
- 3 yemek kaşığı taze sıkılmış limon suyu
- ½ su bardağı / 120 ml su
- 1 orta diş sarımsak, ezilmiş
- 2 yemek kaşığı ayçiçek yağı
- 2 yemek kaşığı / 30 gr tuzsuz tereyağı veya sade yağ (isteğe bağlı)
- süslemek için kavrulmuş çam fıstığı
- süslemek için ince kıyılmış düz yaprak maydanoz
- süslemek için tatlı kırmızı biber
- tuz

KÖFTA
- 14 oz / 400 gr kıyma kuzu
- 14 oz / 400 gr kıyma veya dana eti
- 1 küçük soğan (yaklaşık 5 oz / 150 g), ince doğranmış
- 2 büyük diş sarımsak, ezilmiş
- 7 yemek kaşığı / 50 gr kavrulmuş çam fıstığı, iri kıyılmış
- ½ bardak / 30 gr ince kıyılmış düz yapraklı maydanoz
- 1 büyük orta-sıcak kırmızı şili, çekirdekleri çıkarılmış ve ince doğranmış
- 1½ çay kaşığı öğütülmüş tarçın
- 1½ çay kaşığı öğütülmüş yenibahar
- ¾ çay kaşığı rendelenmiş hindistan cevizi
- 1½ çay kaşığı taze çekilmiş karabiber
- 1½ çay kaşığı tuz

TALİMATLAR
a) Köfte malzemelerinin tamamını bir kaseye koyun ve ellerinizi kullanarak her şeyi iyice karıştırın. Şimdi, yaklaşık 3¼ inç / 8 cm uzunluğunda (her biri yaklaşık 2 oz / 60 g) uzun, torpido benzeri parmaklar haline getirin. Karışımı sıkıştırmak için bastırın ve her köftenin sıkı olduğundan ve şeklini koruduğundan emin olun. Bir

tabağa yerleştirin ve pişirmeye hazır olana kadar 1 güne kadar soğutun.

b) Fırını önceden 425°F / 220°C'ye ısıtın. Orta boy bir kapta tahin ezmesini, limon suyunu, suyu, sarımsağı ve ¼ çay kaşığı tuzu birlikte çırpın. Sos baldan biraz daha akıcı olmalı; Gerekirse 1 ila 2 yemek kaşığı su ekleyin.

c) Ayçiçek yağını büyük bir tavada yüksek ateşte ısıtın ve köfteleri kızartın. Birbirine sıkışmamaları için bunu gruplar halinde yapın. Her partide yaklaşık 6 dakika, altın rengi kahverengi olana kadar her taraftan kızartın. Bu noktada orta-az pişmiş olmaları gerekir. Tavadan alıp fırın tepsisine dizin. Bunları orta veya iyi pişmiş olarak pişirmek istiyorsanız fırın tepsisini şimdi 2 ila 4 dakika fırına koyun.

d) Tahin sosunu tavanın tabanını kaplayacak şekilde köftenin etrafına dökün. İsterseniz köftenin üzerine de biraz gezdirin, ancak etin bir kısmını açıkta bırakın. Sosu biraz ısıtmak için bir veya iki dakika fırına koyun.

e) Bu arada eğer tereyağı kullanıyorsanız küçük bir tencerede eritip yanmamasına dikkat ederek biraz kızarmasını sağlayın. Fırından çıkar çıkmaz köftelerin üzerine tereyağını gezdirin. Çam fıstığını ve maydanozu serpin ve ardından kırmızı biber serpin. Hemen servis yapın.

82. Bakla ve Limonlu Dana Köfte

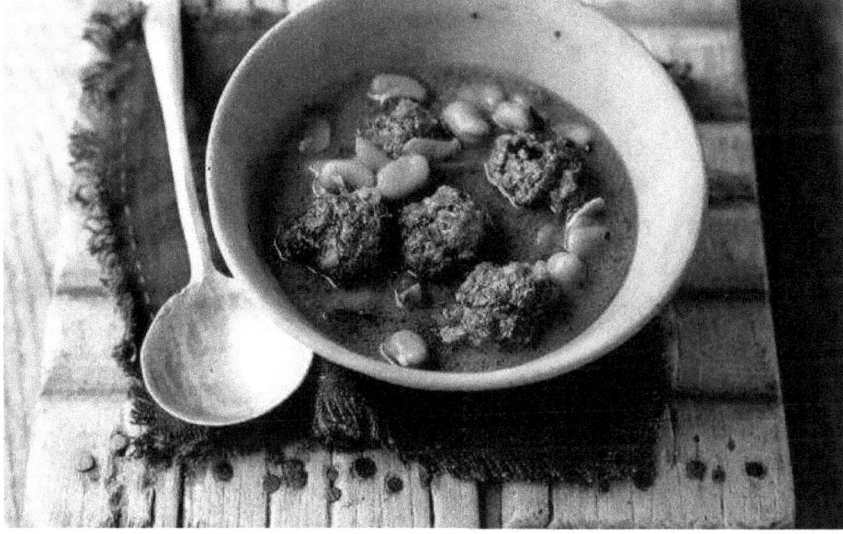

Yapar: YAKLAŞIK 20 KÖFTE

İÇİNDEKİLER

- 4½ yemek kaşığı zeytinyağı
- 2⅓ bardak / 350 gr bakla, taze veya dondurulmuş
- 4 bütün kekik dalı
- 6 diş sarımsak, dilimlenmiş
- 8 yeşil soğan, ¾ inç / 2 cm'lik parçalar halinde açılı olarak kesilmiş
- 2½ yemek kaşığı taze sıkılmış limon suyu
- 2 su bardağı / 500 ml tavuk suyu
- tuz ve taze çekilmiş karabiber
- Bitirmek için 1½ çay kaşığı kıyılmış düz yaprak maydanoz, nane, dereotu ve kişniş

KÖFTELER

- 10 oz / 300 gr kıyma
- 5 oz / 150 gr kıyma kuzu
- 1 orta boy soğan, ince doğranmış
- 1 su bardağı / 120 gr ekmek kırıntısı
- 2 yemek kaşığı kıyılmış düz yapraklı maydanoz, nane, dereotu ve kişniş
- 2 büyük diş sarımsak, ezilmiş
- 4 çay kaşığı baharat karışımı (mağazadan satın alınan veyatarifi gör)
- 4 çay kaşığı öğütülmüş kimyon
- 2 çay kaşığı kapari, doğranmış
- 1 yumurta, dövülmüş

TALİMATLAR

a) Köfte malzemelerinin tamamını geniş bir karıştırma kabına koyun. ¾ çay kaşığı tuz ve bol karabiber ekleyip elinizle iyice karıştırın. Ping-Pong toplarıyla aynı büyüklükte toplar oluşturun. Kapağı olan ekstra büyük bir tavada 1 yemek kaşığı zeytinyağını orta ateşte ısıtın. Köftelerin yarısını, her tarafı kahverengi olana kadar yaklaşık 5 dakika çevirerek kızartın. Tavayı çıkarın, 1½ çay kaşığı zeytinyağını daha tavaya ekleyin ve diğer köfte partisini pişirin. Tavadan çıkarın ve silerek temizleyin.

b) Köfteler pişerken baklaları bol tuzlu kaynar su dolu tencereye atın ve 2 dakika haşlayın. Süzüp soğuk su altında yenileyin. Baklaların yarısının kabuklarını çıkarın ve kabuklarını atın.

c) Köfteleri kızarttığınız tavada kalan 3 yemek kaşığı zeytinyağını orta ateşte ısıtın. Kekik, sarımsak ve yeşil soğanı ekleyip 3 dakika soteleyin. Soyulmamış baklaları, 1½ yemek kaşığı limon suyunu, ⅓ su bardağı / 80 ml et suyunu, ¼ çay kaşığı tuzu ve bol miktarda karabiberi ekleyin. Fasulyeler neredeyse sıvıyla kaplanmalıdır. Tavayı kapatın ve kısık ateşte 10 dakika pişirin.

d) Köfteleri baklaları tutan kızartma tavasına geri koyun. Kalan suyu ekleyin, tavanın kapağını kapatın ve 25 dakika boyunca yavaşça pişirin. Sosu tadın ve baharatını ayarlayın. Çok akıcıysa kapağını açıp biraz azaltın. Köfteler pişmeyi bıraktıktan sonra çok fazla suyu çekecektir, bu nedenle bu noktada hala bol miktarda sos olduğundan emin olun. Artık köfteleri servise hazır olana kadar ocaktan alabilirsiniz.

e) Servis yapmadan hemen önce köfteleri tekrar ısıtın ve gerekirse biraz su ekleyerek yeterli sos elde edin. Kalan otları, kalan 1 yemek kaşığı limon suyunu ve soyulmuş baklaları ekleyip çok dikkatli bir şekilde karıştırın. Derhal servis yapın.

83. Kızamık, Yoğurt ve Otlu Kuzu Köfte

Yapar: YAKLAŞIK 20 KÖFTE

İÇİNDEKİLER

- 1⅔ lb / 750 gr öğütülmüş kuzu
- 2 orta boy soğan, ince doğranmış
- ⅔ oz / 20 gr düz yapraklı maydanoz, ince doğranmış
- 3 diş sarımsak, ezilmiş
- ¾ çay kaşığı öğütülmüş yenibahar
- ¾ çay kaşığı öğütülmüş tarçın
- 6 yemek kaşığı / 60 gr kızamık
- 1 büyük serbest gezinen yumurta
- 6½ yemek kaşığı / 100 ml ayçiçek yağı
- 1½ lb / 700 g soyulmuş muz veya diğer büyük arpacık soğanı
- ¾ bardak artı 2 yemek kaşığı / 200 ml beyaz şarap
- 2 su bardağı / 500 ml tavuk suyu
- 2 adet defne yaprağı
- 2 dal kekik
- 2 çay kaşığı şeker
- 5 oz / 150 gr kuru incir
- 1 su bardağı / 200 gr Yunan yoğurdu
- 3 yemek kaşığı karışık nane, kişniş, dereotu ve tarhun, iri kıyılmış
- tuz ve taze çekilmiş karabiber

TALİMATLAR

a) Kuzu eti, soğan, maydanoz, sarımsak, yenibahar, tarçın, yaban mersini, yumurta, 1 çay kaşığı tuz ve ½ çay kaşığı karabiberi geniş bir kaseye koyun. Ellerinizle karıştırın ve golf topu büyüklüğünde toplar haline getirin.

b) Sıkı kapanan bir kapağı olan büyük, ağır tabanlı bir tencerede, yağın üçte birini orta ateşte ısıtın. İçine birkaç köfte koyup pişirin ve her yeri renk alana kadar birkaç dakika çevirin. Tencereden çıkarıp bir kenara koyun. Kalan köfteleri de aynı şekilde pişirin.

c) Tencereyi silerek temizleyin ve kalan yağı ekleyin. Arpacık soğanı ekleyin ve orta ateşte, sık sık karıştırarak, altın rengi kahverengi olana kadar 10 dakika pişirin. Şarabı ekleyin, bir iki dakika köpürmeye bırakın, ardından tavuk suyunu, defne yaprağını, kekiği, şekeri, biraz tuz ve karabiberi ekleyin. İncirleri ve köfteleri arpacık soğanların arasına ve üstüne dizin; köftelerin neredeyse sıvıyla kaplanması gerekiyor. Kaynatın, kapağını kapatın, ısıyı en aza indirin ve 30 dakika pişmeye bırakın. Kapağı çıkarın ve sosun tadı azalıp yoğunlaşana kadar yaklaşık bir saat daha pişirin. Önce tadına bak sonra eğer gerekliyse tuz ve biber eklersin.

d) Geniş, derin bir servis tabağına aktarın. Yoğurdu çırpın, üzerine dökün ve baharatları serpin.

84. Yeşil Soğanlı ve Kimyonlu Hindi ve Kabak Burgerleri

Markalar: HAKKINDA 18 BURGER

İÇİNDEKİLER

- 1 lb / 500 gr öğütülmüş hindi
- 1 büyük kabak, iri rendelenmiş (2 su bardağı / toplam 200 gr)
- 3 yeşil soğan, ince dilimlenmiş
- 1 büyük serbest gezinen yumurta
- 2 yemek kaşığı kıyılmış nane
- 2 yemek kaşığı kıyılmış kişniş
- 2 diş sarımsak, ezilmiş
- 1 çay kaşığı öğütülmüş kimyon
- 1 çay kaşığı tuz
- ½ çay kaşığı taze çekilmiş karabiber
- ½ çay kaşığı acı biber
- kızartmak için yaklaşık 6½ yemek kaşığı / 100 ml ayçiçek yağı

EKŞİ KREMA & SUMAK SOS

- ½ bardak / 100 gr ekşi krema
- ⅔ su bardağı / 150 gr Yunan yoğurdu
- 1 çay kaşığı rendelenmiş limon kabuğu rendesi
- 1 yemek kaşığı taze sıkılmış limon suyu
- 1 küçük diş sarımsak, ezilmiş
- 1½ yemek kaşığı zeytinyağı
- 1 yemek kaşığı sumak
- ½ çay kaşığı tuz
- ¼ çay kaşığı taze çekilmiş karabiber

TALİMATLAR

a) Öncelikle tüm malzemeleri küçük bir kaseye koyarak ekşi krema sosunu hazırlayın. İyice karıştırın ve bir kenara koyun veya ihtiyaç duyulana kadar soğutun.

b) Fırını önceden 425°F / 220°C'ye ısıtın. Köfte için ayçiçek yağı dışındaki tüm malzemeleri büyük bir kapta birleştirin. Ellerinizle karıştırın ve ardından her biri yaklaşık 1½ oz / 45 g ağırlığında yaklaşık 18 burger haline getirin.

c) Tavanın tabanında yaklaşık 1/16 inç / 2 mm kalınlığında bir tabaka oluşturmak için büyük bir tavaya yeterli miktarda ayçiçek yağı dökün. Orta ateşte sıcak olana kadar ısıtın, ardından köfteleri her taraftan gruplar halinde kızartın. Her partiyi yaklaşık 4 dakika, gerektiği kadar yağ ekleyerek, altın rengi kahverengi olana kadar pişirin.

d) Kızarmış köfteleri dikkatlice yağlı kağıtla kaplı bir fırın tepsisine aktarın ve 5 ila 7 dakika veya tamamen pişene kadar fırında bekletin. Üzerine veya yanına kaşıkla dökülen sosla, ılık veya oda sıcaklığında servis yapın.

85. <u>Polpetton</u>

Yapım: 8

İÇİNDEKİLER

- 3 büyük serbest gezinen yumurta
- 1 yemek kaşığı kıyılmış düz yapraklı maydanoz
- 2 çay kaşığı zeytinyağı
- 1 lb / 500 gr kıyma
- 1 su bardağı / 100 gr ekmek kırıntısı
- ½ su bardağı / 60 gr tuzsuz antep fıstığı
- ½ fincan / 80 g kornişon (3 veya 4), ⅜ inç / 1 cm'lik parçalar halinde kesilmiş
- 7 oz / 200 gr pişmiş dana dili (veya jambon), ince dilimlenmiş
- 1 büyük havuç, parçalar halinde kesilmiş
- 2 kereviz sapı, parçalar halinde kesilmiş
- 1 kekik dalı
- 2 adet defne yaprağı
- ½ soğan, dilimlenmiş
- 1 çay kaşığı tavuk suyu tabanı
- pişirmek için kaynar su
- tuz ve taze çekilmiş karabiber

SALSİNA VERDE

- 2 oz / 50 gr düz yapraklı maydanoz dalları
- 1 diş sarımsak, ezilmiş
- 1 yemek kaşığı kapari
- 1 yemek kaşığı taze sıkılmış limon suyu
- 1 yemek kaşığı beyaz şarap sirkesi
- 1 büyük serbest gezinen yumurta, sert haşlanmış ve soyulmuş
- ⅔ su bardağı / 150 ml zeytinyağı
- 3 yemek kaşığı ekmek kırıntısı, tercihen taze
- tuz ve taze çekilmiş karabiber

TALİMATLAR

a) Düz bir omlet yaparak başlayın. 2 yumurtayı, kıyılmış maydanozu ve bir tutam tuzu birlikte çırpın. Zeytinyağını büyük bir tavada (yaklaşık 11 inç / 28 cm çapında) orta ateşte ısıtın ve yumurtaları dökün. Yumurtalar ince bir omlet haline gelinceye kadar karıştırmadan 2 ila 3 dakika pişirin. Soğuması için bir kenara koyun.

b) Büyük bir kapta sığır eti, galeta unu, antep fıstığı, kornişon turşu, kalan yumurta, 1 çay kaşığı tuz ve ½ çay kaşığı karabiberi karıştırın. Çalışma yüzeyinizin üzerine büyük, temiz bir çay havlusu serin (kurtulmanın sakıncası olmayan eski bir havluyu kullanmak isteyebilirsiniz; onu temizlemek hafif bir tehdit olacaktır). Şimdi et karışımını alın ve havlunun üzerine yayın, ellerinizle ⅜ inç / 1 cm kalınlığında ve kabaca 12 x 10 inç / 30 x 25 cm boyutunda dikdörtgen bir disk şeklinde şekillendirin. Bezin kenarlarını temiz tutun.

c) Eti dil dilimleriyle kaplayın ve kenarlarında ¾ inç / 2 cm boşluk bırakın. Omleti 4 geniş şerit halinde kesin ve dilin üzerine eşit şekilde dağıtın.

d) Eti geniş kenarlarından birinden içe doğru yuvarlamaya başlamanıza yardımcı olması için bezi kaldırın. Size yardımcı olması için havluyu kullanarak eti büyük bir sosis şekline getirmeye devam edin. Sonunda, kıymanın dışarıda ve omletin ortada olduğu sıkı, jöleli ruloya benzer bir somun istiyorsunuz. Somunu havluyla örtün, iyice sarın, böylece içi sızdırmaz hale gelir. Uçları iple bağlayın ve fazla kumaşı kütüğün altına sıkıştırın, böylece sıkıca bağlanmış bir demet elde edersiniz.

e) Paketi büyük bir tavaya veya Hollanda fırınına yerleştirin. Havucu, kerevizi, kekiği, defneyi, soğanı ve et suyunu somunun etrafına atın ve üzerini neredeyse kaplayacak kadar kaynar su dökün. Tencereyi bir kapakla kapatın ve 2 saat pişmeye bırakın.

f) Somunu tavadan çıkarın ve sıvının bir kısmının akmasını sağlamak için bir kenara koyun (kaçak stok, harika bir çorba tabanı olacaktır). Yaklaşık 30 dakika sonra, daha fazla meyve suyunun çıkması için üzerine ağır bir şey koyun. Oda sıcaklığına ulaştığında köfteyi hala bezle kaplı buzdolabına koyun ve 3 ila 4 saat iyice soğumasını bekleyin.

g) Sos için, tüm malzemeleri bir mutfak robotuna koyun ve kaba bir kıvama gelinceye kadar çekin (veya rustik bir görünüm için maydanozu, kapariyi ve yumurtayı elle doğrayın ve diğer malzemelerle birlikte karıştırın). Baharatı tadın ve ayarlayın.

h) Servis yapmak için somunu havludan çıkarın, ⅜ inç / 1 cm kalınlığında dilimler halinde kesin ve servis tabağına koyun. Yanında sosu servis edin.

86. Kuzu Etli, Tahinli, Sumaklı Kızarmış Yumurta

Yapım: 4

İÇİNDEKİLER
- 1 yemek kaşığı zeytinyağı
- 1 büyük soğan, ince doğranmış (1¼ bardak / toplam 200 g)
- 6 diş sarımsak, ince dilimlenmiş
- 10 oz / 300 gr kıyma kuzu
- 2 çay kaşığı sumak, artı bitirmek için ekstra
- 1 çay kaşığı öğütülmüş kimyon
- ½ bardak / 50 gr kavrulmuş, tuzsuz antep fıstığı, ezilmiş
- 7 yemek kaşığı / 50 gr kavrulmuş çam fıstığı
- 2 çay kaşığı harissa ezmesi (mağazadan satın alınan veyatarifi gör)
- 1 yemek kaşığı ince kıyılmış korunmuş limon kabuğu (mağazadan satın alınmış veyatarifi gör)
- 1⅓ su bardağı / 200 gr kiraz domates
- ½ su bardağı / 120 ml tavuk suyu
- 4 büyük serbest gezinen yumurta
- ¼ bardak / 5 gr çekilmiş kişniş yaprağı veya 1 yemek kaşığıZhoug
- tuz ve taze çekilmiş karabiber
YOĞURT SOSU
- ½ bardak / 100 gr Yunan yoğurdu
- 1½ yemek kaşığı / 25 gr tahin ezmesi
- 2 yemek kaşığı taze sıkılmış limon suyu
- 1 yemek kaşığı su

TALİMATLAR
a) Zeytinyağını orta-yüksek ateşte, kapağı sıkıca kapanan orta, kalın tabanlı bir kızartma tavasında ısıtın. Soğanı ve sarımsağı ekleyin ve biraz yumuşayıp renk alması için 6 dakika soteleyin. Isıyı yükseğe yükseltin, kuzu eti ekleyin ve 5 ila 6 dakika iyice kızartın. Sumak, kimyon, ¾ çay kaşığı tuz ve biraz karabiberle tatlandırıp bir dakika daha pişirin. Isıyı kapatın, fındıkları, harissayı ve konserve limonu ekleyip karıştırın ve bir kenara koyun.

b) Soğan pişerken ayrı bir küçük dökme demiri veya başka bir ağır tavayı yüksek ateşte ısıtın. Sıcaklaştıktan sonra kiraz domatesleri ve kömürü 4 ila 6 dakika ekleyin, ara sıra tavaya atarak dışları hafifçe kararıncaya kadar pişirin. Bir kenara koyun.

c) Yoğurt sosunu hazırlamak için tüm malzemeleri bir tutam tuzla birlikte çırpın. Kalın ve zengin olması gerekiyor, ancak sertse bir miktar su eklemeniz gerekebilir.

d) Eti, domatesi ve sosu bu aşamada bir saat kadar bekletebilirsiniz. Servis yapmaya hazır olduğunuzda eti tekrar ısıtın, tavuk suyunu ekleyin ve kaynatın. Karışımda 4 küçük çukur açın ve her çukura birer yumurta kırın. Tavayı kapatın ve yumurtaları kısık ateşte 3 dakika pişirin. Domatesleri sarıları hariç üstüne yerleştirin, tekrar örtün ve yumurta akları pişene, ancak sarıları hala akıcı olana kadar 5 dakika pişirin.

e) Ocaktan alın ve üzerine yoğurtlu sostan damlatın, üzerine sumak serpin ve kişnişle tamamlayın. Hemen servis yapın.

87. Kuru erik ve pırasa ile yavaş pişirilmiş dana eti

Yapar: 4 Cömertçe

İÇİNDEKİLER
- ½ su bardağı / 110 ml ayçiçek yağı
- Kemikli 4 büyük osso buco bifteği (toplamda yaklaşık 2¼ lb / 1 kg)
- 2 büyük soğan, ince doğranmış (toplamda yaklaşık 3 su bardağı / 500 gr)
- 3 diş sarımsak, ezilmiş
- 6½ yemek kaşığı / 100 ml sek beyaz şarap
- 1 su bardağı / 250 ml tavuk veya dana eti suyu
- bir adet 14 oz / 400g doğranmış domates konservesi
- 5 dal kekik, ince doğranmış yapraklar
- 2 adet defne yaprağı
- ½ portakal kabuğu rendesi, şeritler halinde
- 2 küçük tarçın çubuğu
- ½ çay kaşığı öğütülmüş yenibahar
- 2 yıldız anason
- 6 büyük pırasa, yalnızca beyaz kısmı (toplamda 1¾ lb / 800 g), ⅔ inç / 1,5 cm dilimler halinde kesilmiş
- 7 oz / 200 g yumuşak kuru erik, çekirdekleri çıkarılmış
- tuz ve taze çekilmiş karabiber
- HİZMET ETMEK
- ½ bardak / 120 gr Yunan yoğurdu
- 2 yemek kaşığı ince kıyılmış düz yapraklı maydanoz
- 2 yemek kaşığı rendelenmiş limon kabuğu rendesi
- 2 diş sarımsak, ezilmiş

TALİMATLAR
a) Fırını 350°F / 180°C'ye önceden ısıtın.

b) 2 yemek kaşığı yağı büyük, kalın tabanlı bir tavada yüksek ateşte ısıtın. Dana parçalarını her iki tarafta 2 dakika kızartın, eti iyice kızartın. Domates sosunu hazırlarken süzülmesi için bir kevgir içine aktarın.

c) Tavadaki yağın çoğunu alın, 2 yemek kaşığı daha yağ ekleyin, soğanları ve sarımsakları ekleyin. Orta-yüksek ateşe dönün ve ara sıra karıştırarak ve tavanın altını tahta bir kaşıkla kazıyarak, soğanlar yumuşak ve altın rengi olana kadar yaklaşık 10 dakika soteleyin. Şarabı ekleyin, kaynatın ve çoğu buharlaşana kadar 3 dakika boyunca kuvvetlice pişirin. Et suyunun yarısını, domatesi, kekiği, defneyi, portakal kabuğu rendesini, tarçını, yenibaharı, yıldız anasonu, 1 çay kaşığı tuzu ve biraz karabiberi ekleyin. İyice karıştırın ve kaynatın. Dana parçalarını sosa ekleyin ve kaplayacak şekilde karıştırın.

d) Dana eti ve sosu yaklaşık 13 x 9½ inç (33 x 24 cm) derin bir fırın tepsisine aktarın ve etrafına eşit şekilde dağıtın. Alüminyum folyo ile örtün ve 2½ saat fırına koyun. Sosun çok kalınlaşmadığından ve yanlarının yanmadığından emin olmak için pişirme sırasında birkaç kez kontrol edin; Bunu önlemek için muhtemelen biraz su eklemeniz gerekecektir. Et kemikten kolayca ayrıldığında pişmiş demektir. Dana etini sosun içinden alıp geniş bir kaseye koyun. İşlenecek kadar soğuduğunda, tüm etleri kemiklerden ayırın ve küçük bir bıçak kullanarak tüm iliği kazıyın. Kemikleri atın.

e) Kalan yağı ayrı bir tavada ısıtın ve pırasayı yüksek ateşte ara sıra karıştırarak yaklaşık 3 dakika iyice kızartın. Bunları domates sosunun üzerine kaşıkla dökün. Daha sonra domates sosunu hazırladığınız tavada kuru erik, kalan et suyu, çekilmiş et ve kemik iliğini karıştırın ve bunu pırasanın üzerine kaşıkla dökün. Folyo ile tekrar örtün ve bir saat daha pişirmeye devam edin. Fırından çıktıktan sonra tadına bakın ve gerekirse tuz ve karabiber ekleyin.

f) Üzerine soğuk yoğurt dökün ve üzerine maydanoz, limon kabuğu rendesi ve sarımsak karışımı serperek sıcak olarak servis yapın.

88. Hannukah Kuzu shawarma

Yapım: 8

İÇİNDEKİLER

- 2 çay kaşığı karabiber
- 5 bütün karanfil
- ½ çay kaşığı kakule baklası
- ¼ çay kaşığı çemen otu tohumu
- 1 çay kaşığı rezene tohumu
- 1 yemek kaşığı kimyon tohumu
- 1 yıldız anason
- ½ tarçın çubuğu
- ½ bütün hindistan cevizi, rendelenmiş
- ¼ çay kaşığı öğütülmüş zencefil
- 1 yemek kaşığı tatlı kırmızı biber
- 1 yemek kaşığı sumak
- 2½ çay kaşığı Maldon deniz tuzu
- 1 oz / 25 gr taze zencefil, rendelenmiş
- 3 diş sarımsak, ezilmiş
- ⅔ bardak / 40 gr doğranmış kişniş, sapları ve yaprakları
- ¼ bardak / 60 ml taze sıkılmış limon suyu
- ½ su bardağı / 120 ml fıstık yağı
- 1 kemikli kuzu budu, yaklaşık 5½ ila 6½ lb / 2,5 ila 3 kg
- 1 su bardağı / 240 ml kaynar su

TALİMATLAR

a) İlk 8 malzemeyi bir dökme demir tavaya koyun ve baharatlar patlamaya ve aromalarını salmaya başlayana kadar orta-yüksek ateşte bir veya iki dakika kuru kavurun. Onları yakmamaya dikkat edin. Küçük hindistan cevizi, zencefil ve kırmızı biberi ekleyin, ısıtmak için birkaç saniye daha karıştırın, ardından baharat öğütücüye aktarın. Baharatları homojen bir toz haline gelinceye kadar işleyin. Orta boy bir kaseye aktarın ve kuzu hariç kalan tüm malzemeleri karıştırın.

b) Küçük, keskin bir bıçak kullanarak kuzu budunda birkaç yerden çizikler atın, yağın ve etin içinden 1,5 cm derinliğinde yarıklar açarak turşunun içeri sızmasını sağlayın. Geniş bir kızartma tavasına yerleştirin ve turşuyu her yerine sürün. lamba; ete iyice masaj yapmak için ellerinizi kullanın. Tavayı alüminyum folyo ile örtün ve en az birkaç saat bir kenara bırakın veya tercihen gece boyunca soğutun.

c) Fırını önceden 325°F / 170°C'ye ısıtın.

d) Kuzuyu yağlı tarafı yukarı bakacak şekilde fırına koyun ve et tamamen yumuşayana kadar toplamda yaklaşık 4½ saat kızartın. 30 dakika kavurduktan sonra kaynar suyu tavaya ekleyin ve bu sıvıyı her saat başı eti yağlamak için kullanın. Gerektikçe daha fazla su ekleyin ve tavanın tabanında her zaman yaklaşık 0,5 cm/¼ inç kaldığından emin olun. Son 3 saat boyunca baharatların yanmasını önlemek için kuzu etinin üzerini folyo ile örtün. İşlem tamamlandıktan sonra kuzu eti fırından çıkarın ve dilimleyip servis etmeden önce 10 dakika dinlenmeye bırakın.

e) Bize göre bunu sunmanın en iyi yolu, İsrail'in en ünlü shakshuka restoranından ilham almaktır (TARİFİ GÖR), Yafa'daki Dr Shakshuka, Bino Gabso'ya ait. Altı ayrı pide cebi alın ve ⅔ su bardağı / 120 gr doğranmış konserve domates, 2 çay kaşığı / 20 gr harissa salçası, 4 çay kaşığı / 20 gr domates salçası, 1 yemek kaşığı zeytinyağı ve biraz tuz ile karıştırılarak hazırlanan bir harçla içlerini bolca fırçalayın. ve biber. Kuzu hazır olduğunda pideleri sıcak ızgaralı bir tavada her iki tarafında güzel yanık izleri oluşana kadar ısıtın. Sıcak kuzuyu dilimleyin ve dilimleri ⅔ inç / 1,5 cm'lik şeritler halinde kesin. Bunları her sıcak pidenin üzerine üst üste koyun, tavadaki kavurma sıvısından bir kısmını azaltın ve doğranmış soğan, kıyılmış maydanoz ve bir tutam sumak ile tamamlayın. Taze salatalık ve domatesi de unutmayın. Cennet gibi bir yemek.

89. Harissa & Rose ile Tavada Kızarmış Levrek

Yapar: 2 ila 4

İÇİNDEKİLER

● 3 yemek kaşığı harissa ezmesi (mağazadan satın alınmış veya tarifi gör)
● 1 çay kaşığı öğütülmüş kimyon
● 4 levrek filetosu, toplamda yaklaşık 450 g, derisi yüzülmüş ve kılçıkları çıkarılmış
● toz almak için çok amaçlı un
● 2 yemek kaşığı zeytinyağı
● 2 orta boy soğan, ince doğranmış
● 6½ yemek kaşığı / 100 ml kırmızı şarap sirkesi
● 1 çay kaşığı öğütülmüş tarçın
● 1 su bardağı / 200 ml su
● 1½ yemek kaşığı bal
● 1 yemek kaşığı gül suyu
● ½ su bardağı / 60 gr kuş üzümü (isteğe bağlı)
● 2 yemek kaşığı iri kıyılmış kişniş (isteğe bağlı)
● 2 çay kaşığı küçük kurutulmuş yenilebilir gül yaprakları
● tuz ve taze çekilmiş karabiber

TALİMATLAR

a) İlk önce balıkları marine edin. Harissa ezmesinin yarısını, öğütülmüş kimyonu ve ½ çay kaşığı tuzu küçük bir kasede karıştırın. Balık filetolarının her yerine bu karışımı sürün ve buzdolabında 2 saat marine edilmeye bırakın.

b) Filetolara biraz un serpin ve fazlasını silkeleyin. Zeytinyağını geniş bir tavada orta-yüksek ateşte ısıtın ve filetoların her iki tarafını da 2 dakika kızartın. Bunu iki grup halinde yapmanız gerekebilir. Balıkları bir kenara koyun, yağı tavada bırakın ve soğanları ekleyin. Soğanlar altın rengi oluncaya kadar yaklaşık 8 dakika karıştırarak pişirin.

c) Kalan harissayı, sirkeyi, tarçını, ½ çay kaşığı tuzu ve bol karabiberi ekleyin. Suyu dökün, ısıyı azaltın ve sosun iyice koyulaşana kadar 10 ila 15 dakika hafifçe kaynamasına izin verin.

d) Bal ve gül suyunu, kullanıyorsanız kuş üzümüyle birlikte tavaya ekleyin ve birkaç dakika daha yavaşça pişirin. Baharatı tadıp ayarlayın ve ardından balık filetolarını tavaya geri koyun; Tam olarak uymuyorlarsa, onları hafifçe üst üste getirebilirsiniz. Sosu balıkların üzerine dökün ve onları kaynayan sosun içinde 3 dakika kadar ısınmaya bırakın; Sos çok koyu ise birkaç yemek kaşığı su eklemeniz gerekebilir. Sıcak olarak veya oda sıcaklığında servis yapın, üzerine varsa kişniş ve gül yaprakları serpin.

90. Közlenmiş patlıcan ve limon turşusu ile balık & kapari kebapları

Yapım: 12 KEBAP

İÇİNDEKİLER

- 2 orta boy patlıcan (toplamda yaklaşık 1⅔ lb / 750 g)
- 2 yemek kaşığı Yunan yoğurdu
- 1 diş sarımsak, ezilmiş
- 2 yemek kaşığı kıyılmış düz yapraklı maydanoz
- Kızartmak için yaklaşık 2 yemek kaşığı ayçiçek yağı
- 2 çay kaşığıHızlı Turşu Limonlar
- tuz ve taze çekilmiş karabiber
- BALIK IZGARA
- 14 oz / 400 g mezgit balığı veya diğer beyaz balık filetosu, derisi alınmış ve kılçıkları çıkarılmış
- ½ bardak / 30 gr taze ekmek kırıntısı
- ½ büyük serbest gezinen yumurta, dövülmüş
- 2½ yemek kaşığı / 20 gr kapari, doğranmış
- ⅔ oz / 20 gr dereotu, doğranmış
- 2 yeşil soğan, ince doğranmış
- 1 limonun rendelenmiş kabuğu
- 1 yemek kaşığı taze sıkılmış limon suyu
- ¾ çay kaşığı öğütülmüş kimyon
- ½ çay kaşığı öğütülmüş zerdeçal
- ½ çay kaşığı tuz
- ¼ çay kaşığı öğütülmüş beyaz biber

TALİMATLAR

a) Patlıcanlarla başlayın. Patlıcanın etini talimatlara göre yakın, soyun ve boşaltın.Sarımsak, limon ve nar taneleri ile yanmış patlıcanyemek tarifi. İyice süzüldükten sonra eti irice doğrayın ve bir karıştırma kabına koyun. Yoğurt, sarımsak, maydanoz, 1 tatlı kaşığı tuz ve bol karabiberi ekleyin. Bir kenara koyun.

b) Balıkları yalnızca yaklaşık ⅙ inç / 2 mm kalınlığında çok ince dilimler halinde kesin. Dilimleri küçük küpler halinde kesin ve orta boy bir karıştırma kabına koyun. Kalan malzemeleri ekleyin ve iyice karıştırın. Ellerinizi nemlendirin ve karışımı, her biri yaklaşık 1½ oz / 45 g olacak şekilde 12 köfte veya parmak şeklinde şekillendirin. Bir tabağa dizin, streç filmle örtün ve buzdolabında en az 30 dakika bekletin.

c) Tabanı ince bir tabaka oluşturacak şekilde kızartma tavasına yeterli miktarda yağ dökün ve orta-yüksek ateşte yerleştirin. Kebapları her parti için 4 ila 6 dakika boyunca gruplar halinde pişirin, her tarafı renklenip tamamen pişene kadar çevirin.

d) Kebapları hala sıcakken, yanmış patlıcan ve az miktarda salamura limonla birlikte porsiyon başına 3 adet olacak şekilde servis edin (dikkatli olun, limonlar baskındır).

91. Altın pancar ve portakal salsa ile tavada kızartılmış uskumru

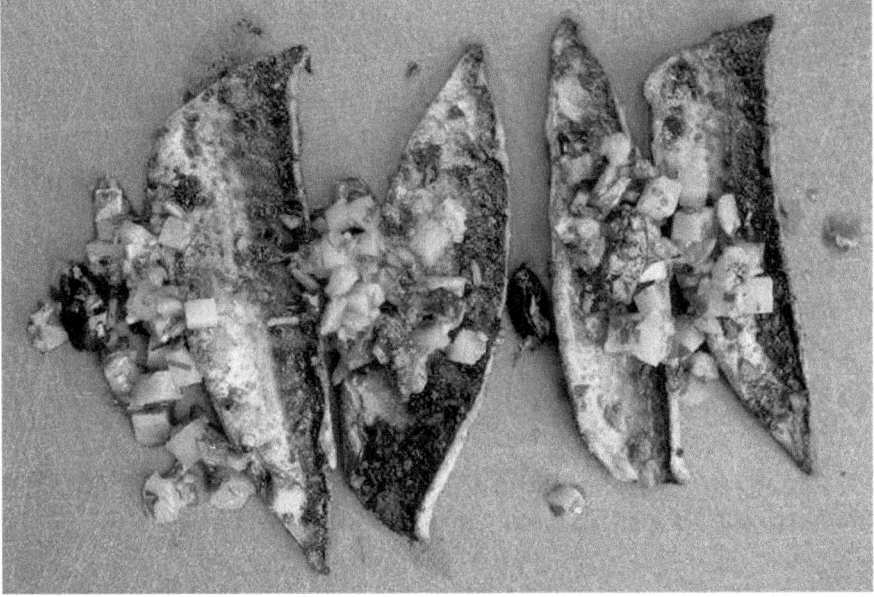

Şunu yapar: 4 BAŞLANGIÇ OLARAK

İÇİNDEKİLER

- 1 yemek kaşığı harissa ezmesi (mağazadan satın alınmış veyatarifi gör)
- 1 çay kaşığı öğütülmüş kimyon
- 4 uskumru filetosu (toplamda yaklaşık 260 g), derili
- 1 orta boy altın pancar (toplamda 3½ oz / 100 g)
- 1 orta boy portakal
- 1 küçük limon, enine ikiye bölünmüş
- ¼ bardak / 30 gr çekirdekleri çıkarılmış Kalamata zeytini, uzunlamasına dörde bölünmüş
- ½ küçük kırmızı soğan, ince doğranmış (¼ bardak / toplam 40 g)
- ¼ bardak / 15 gr doğranmış düz yapraklı maydanoz
- ½ çay kaşığı kişniş tohumu, kızartılmış ve ezilmiş
- ¾ çay kaşığı kimyon tohumu, kızartılmış ve ezilmiş
- ½ çay kaşığı tatlı kırmızı biber
- ½ çay kaşığı şili gevreği
- 1 yemek kaşığı fındık veya ceviz yağı
- ½ çay kaşığı zeytinyağı
- tuz

TALİMATLAR

a) Harissa ezmesini, öğütülmüş kimyonu ve bir tutam tuzu karıştırın ve karışımı uskumru filetolarına sürün. Pişirmeye hazır olana kadar buzdolabında bir kenara koyun.

b) Pancarı bol suda, bir şiş sorunsuzca kayana kadar yaklaşık 20 dakika (çeşide bağlı olarak daha uzun sürebilir) kaynatın. Soğumaya bırakın, ardından soyun, ¼ inç / 0,5 cm'lik zarlar halinde kesin ve bir karıştırma kabına yerleştirin.

c) Portakalın ve 1 limonun yarısını soyun, dış kısımlarını çıkarın ve dörde bölün. Ortadaki öz kısmı ve varsa çekirdekleri çıkarın ve eti 0,5 cm'lik/¼ inçlik zarlar halinde kesin. Zeytin, kırmızı soğan ve maydanozla birlikte pancara ekleyin.

d) Ayrı bir kapta baharatları, kalan yarım limonun suyunu ve fındık yağını karıştırın. Bunu pancar ve portakal karışımının üzerine dökün, karıştırın ve tuzla tatlandırın. Tüm tatların birbirine karışabilmesi için salsanın en az 10 dakika oda sıcaklığında beklemesine izin vermek en iyisidir.

e) Servis yapmadan hemen önce zeytinyağını büyük yapışmaz bir tavada orta ateşte ısıtın. Uskumru filetolarını derisi alta gelecek şekilde tavaya yerleştirin ve iyice pişene kadar yaklaşık 3 dakika bir kez çevirerek pişirin. Servis tabaklarına alıp üzerine salsayı kaşıklayın.

92. Domates Soslu Morina Kekleri

Yapım: 4

İÇİNDEKİLER

● 3 dilim beyaz ekmek, kabukları alınmış (toplamda yaklaşık 60 g)
● 1⅓ lb / 600 g morina, pisi balığı, hake veya pollock filetosu, derisi alınmış ve kılçıkları çıkarılmış
● 1 orta boy soğan, ince doğranmış (toplamda yaklaşık 1 su bardağı / 150 gr)
● 4 diş sarımsak, ezilmiş
● 1 oz / 30 gr düz yapraklı maydanoz, ince doğranmış
● 1 oz / 30 gr kişniş, ince doğranmış
● 1 yemek kaşığı öğütülmüş kimyon
● 1½ çay kaşığı tuz
● 2 adet ekstra büyük serbest gezinen yumurta, dövülmüş
● 4 yemek kaşığı zeytinyağı
● DOMATES SOSU
● 2½ yemek kaşığı zeytinyağı
● 1½ çay kaşığı öğütülmüş kimyon
● ½ çay kaşığı tatlı kırmızı biber
● 1 çay kaşığı öğütülmüş kişniş
● 1 orta boy soğan, doğranmış
● ½ bardak / 125 ml sek beyaz şarap
● bir adet 14 oz / 400g doğranmış domates konservesi
● 1 kırmızı şili, çekirdeği çıkarılmış ve ince doğranmış
● 1 diş sarımsak, ezilmiş
● 2 çay kaşığı ince şeker
● 2 yemek kaşığı nane yaprağı, iri kıyılmış
● tuz ve taze çekilmiş karabiber

TALİMATLAR

a) Öncelikle domates sosunu hazırlayın. Kapağı olan çok büyük bir tavada zeytinyağını orta ateşte ısıtın. Baharatları ve soğanı ekleyin ve soğan tamamen yumuşayana kadar 8 ila 10 dakika pişirin. Şarabı ekleyin ve 3 dakika pişirin. Domates, şili, sarımsak, şeker, ½ çay kaşığı tuz ve biraz karabiber ekleyin. Oldukça kalınlaşana kadar yaklaşık 15 dakika pişirin. Baharatı ayarlamak ve bir kenara koymak için tadın.

b) Sos pişerken balık köftelerini hazırlayın. Ekmeği bir mutfak robotuna yerleştirin ve ekmek kırıntısı oluşturmak için karıştırın. Balıkları çok ince doğrayın ve ekmek ve zeytinyağı hariç diğer malzemelerle birlikte bir kaseye koyun. İyice karıştırın ve ardından ellerinizi kullanarak karışımı yaklaşık ¾ inç / 2 cm kalınlığında ve 3¼ inç / 8 cm çapında kompakt kekler halinde şekillendirin. 8 kek almalısın. Çok yumuşaklarsa, sertleşmesi için 30 dakika buzdolabında bekletin. (Karışıma biraz kurutulmuş ekmek kırıntısı da ekleyebilirsiniz, ancak bunu dikkatli yapın; keklerin oldukça ıslak olması gerekir.)

c) Zeytinyağının yarısını bir tavada orta-yüksek ateşte ısıtın, keklerin yarısını ekleyin ve iyice renk alana kadar her iki tarafını da 3'er dakika kızartın. Kalan kekler ve yağ ile aynı işlemi tekrarlayın.

d) Kızartılmış kekleri yan yana, domates sosunun içine yavaşça yerleştirin; hepsini sığdırmak için onları biraz sıkıştırabilirsiniz. Keklerin üzerini kısmen kaplayacak kadar su ekleyin (yaklaşık 1 su bardağı / 200 ml). Tencerenin kapağını kapatın ve çok kısık ateşte 15-20 dakika kadar pişirin. Isıyı kapatın ve kekleri, ılık olarak veya nane serpilmiş oda sıcaklığında servis etmeden önce en az 10 dakika boyunca üstü açık olarak dinlenmeye bırakın.

93. Hawayej ve maydanozlu ızgara balık şişleri

Yapar: 4 ila 6

İÇİNDEKİLER

● Maymunbalığı veya pisi balığı gibi 2¼ lb / 1 kg sert beyaz balık filetosu, derisi soyulmuş, kılçıkları çıkarılmış ve 1 inç / 2,5 cm küpler halinde kesilmiş
● 1 su bardağı / 50 gr ince kıyılmış düz yapraklı maydanoz
● 2 büyük diş sarımsak, ezilmiş
● ½ çay kaşığı şili gevreği
● 1 yemek kaşığı taze sıkılmış limon suyu
● 2 yemek kaşığı zeytinyağı
● tuz
● servis için limon dilimleri
● 15 ila 18 adet uzun bambu şiş, 1 saat suda bekletilmiş
● HAWAYEJ BAHARAT KARIŞIMI
● 1 çay kaşığı karabiber
● 1 çay kaşığı kişniş tohumu
● 1½ çay kaşığı kimyon tohumu
● 4 bütün karanfil
● ½ çay kaşığı öğütülmüş kakule
● 1½ çay kaşığı öğütülmüş zerdeçal

TALİMATLAR

a) Hawayej karışımıyla başlayın. Tane karabiberi, kişnişi, kimyonu ve karanfili bir baharat öğütücüye veya havana koyun ve ince bir şekilde öğütülene kadar çalıştırın. Öğütülmüş kakule ve zerdeçalı ekleyin, iyice karıştırın ve büyük bir karıştırma kabına aktarın.

b) Hawayej baharatlarının bulunduğu kaseye balığı, maydanozu, sarımsağı, pul biberi, limon suyunu ve 1 çay kaşığı tuzu koyun. Ellerinizle iyice karıştırın, tüm parçalar iyice kaplanıncaya kadar balıklara baharat karışımına masaj yapın. Kasenin kapağını kapatın ve ideal olarak buzdolabında 6 ila 12 saat kadar marine edilmeye bırakın. Eğer o zamanı ayıramıyorsanız endişelenmeyin; bir saat de iyi olmalı.

c) Çıkıntılı bir ızgara tavasını yüksek ateşe yerleştirin ve ısınana kadar yaklaşık 4 dakika bekletin. Bu arada balık parçalarını şişlere her birine 5-6 adet olacak şekilde, parçalar arasında boşluk kalacak şekilde geçirin. Balıkları hafifçe biraz zeytinyağıyla fırçalayın ve şişleri birbirine çok yakın olmayacak şekilde 3 ila 4 parti halinde sıcak ızgaraya yerleştirin. Balık tamamen pişene kadar her iki tarafını da yaklaşık 1,5 dakika ızgarada pişirin. Alternatif olarak, bunları ızgarada veya ızgarada pişirin; burada her iki tarafının pişmesi yaklaşık 2 dakika sürecektir.

d) Hemen limon dilimleriyle birlikte servis yapın.

94. Fricassee salatası

Yapım: 4

İÇİNDEKİLER
- 4 biberiye dalı
- 4 defne yaprağı
- 3 yemek kaşığı karabiber
- yaklaşık 1⅔ bardak / 400 ml sızma zeytinyağı
- 10½ oz / 300 gr ton balığı bifteği, tek parça veya iki parça halinde
- 1⅓ lb / 600 g Yukon Altın patates, soyulmuş ve ¾ inç / 2 cm parçalar halinde kesilmiş
- ½ çay kaşığı öğütülmüş zerdeçal
- 5 hamsi filetosu, iri doğranmış
- 3 yemek kaşığı harissa ezmesi (mağazadan satın alınmış veyatarifi gör)
- 4 yemek kaşığı kapari
- 2 çay kaşığı ince kıyılmış korunmuş limon kabuğu (mağazadan satın alınmış veyatarifi gör)
- ½ bardak / 60 gr siyah zeytin, çekirdeği çıkarılmış ve ikiye bölünmüş
- 2 yemek kaşığı taze sıkılmış limon suyu
- 5 oz / 140 g korunmuş piquillo biberi (yaklaşık 5 biber), kaba şeritler halinde parçalanmış
- 4 büyük yumurta, sert haşlanmış, soyulmuş ve dörde bölünmüş
- 2 adet bebek marul (toplamda yaklaşık 5 oz / 140 g), yapraklar ayrılmış ve yırtılmış
- ⅔ oz / 20 g düz yapraklı maydanoz, yaprakları toplanmış ve yırtılmış
- tuz

TALİMATLAR
a) Ton balığını hazırlamak için biberiyeyi, defne yaprağını ve karabiberi küçük bir tencereye koyup zeytinyağını ekleyin. Küçük kabarcıklar yüzeye çıkmaya başladığında yağı kaynama noktasının hemen altına kadar ısıtın. Ton balığını dikkatlice ekleyin (ton balığı tamamen örtülmeli; kapalı değilse biraz daha

yağ ısıtın ve tavaya ekleyin). Ateşten alın ve birkaç saat boyunca kapağı açık olarak bir kenara bırakın, ardından tavayı kapatın ve en az 24 saat buzdolabında saklayın.

b) Patatesleri zerdeçalla birlikte bol miktarda tuzlu kaynar suda pişene kadar 10 ila 12 dakika pişirin. Zerdeçal suyunun dökülmediğinden emin olarak (lekeleri çıkarmak acı vericidir!) Dikkatlice boşaltın ve büyük bir karıştırma kabına yerleştirin. Patatesler henüz sıcakken hamsi, harissa, kapari, konserve limon, zeytin, 6 yemek kaşığı / 90 ml ton balığı konserve yağı ve yağdan çekilmiş tane karabiberin bir kısmını ekleyin. Yavaşça karıştırın ve soğumaya bırakın.

c) Ton balığını kalan yağdan çıkarın, lokma büyüklüğünde parçalara ayırın ve salataya ekleyin. Limon suyu, biber, yumurta, marul ve maydanozu ekleyin. Yavaşça atın, tadına bakın, gerekiyorsa tuz ve muhtemelen daha fazla yağ ekleyin, sonra servis yapın.

95. Karides, Deniz Tarağı ve İstiridye, Domatesli ve Beyaz Peynirli

Şunu yapar: 4 BAŞLANGIÇ OLARAK

İÇİNDEKİLER

- 1 bardak / 250 ml beyaz şarap
- 2¼ lb / 1 kg istiridye, temizlenmiş
- 3 diş sarımsak, ince dilimlenmiş
- 3 yemek kaşığı zeytinyağı, artı bitirmek için ekstra
- 3½ bardak / 600 gr soyulmuş ve doğranmış İtalyan erik domatesi (taze veya konserve)
- 1 çay kaşığı ince şeker
- 2 yemek kaşığı kıyılmış kekik
- 1 limon
- 7 oz / 200 g kaplan karidesi, soyulmuş ve kabuğu çıkarılmış
- 7 oz / 200 gr büyük deniz tarağı (çok büyükse yatay olarak ikiye bölün)
- 4 oz / 120 g beyaz peynir, ¾ inç / 2 cm'lik parçalara bölünmüş
- 3 yeşil soğan, ince dilimlenmiş
- tuz ve taze çekilmiş karabiber

TALİMATLAR

a) Şarabı orta boy bir tencereye koyun ve dörtte üçü azalıncaya kadar kaynatın. İstiridyeleri ekleyin, hemen kapağını kapatın ve yüksek ateşte yaklaşık 2 dakika, tavayı ara sıra sallayarak, istiridyeler açılıncaya kadar pişirin. Pişirme suyunu bir kasede toplayarak süzmek için ince bir eleğe aktarın. Açılmayan istiridyeleri atın, ardından kalanları kabuklarından çıkarın ve isterseniz yemeği bitirmek için birkaçını kabuklarıyla birlikte bırakın.

b) Fırını önceden 475°F / 240°C'ye ısıtın.

c) Büyük bir tavada, sarımsakları zeytinyağında orta-yüksek ateşte altın rengi olana kadar yaklaşık 1 dakika pişirin. Dikkatlice domatesleri, istiridye sıvısını, şekeri, kekiği ve biraz tuz ve karabiberi ekleyin. Limonun 3 kabuğunu tıraşlayın, ekleyin ve sos koyulaşana kadar 20 ila 25 dakika hafifçe pişirin. Gerektiğinde tuz ve karabiber tadın ve ekleyin. Limon kabuğu rendesini atın.

d) Karidesleri ve deniz taraklarını ekleyin, hafifçe karıştırın ve bir veya iki dakika kadar pişirin. Kabuklu istiridyeleri katlayın ve her şeyi küçük, fırına dayanıklı bir kaba aktarın. Beyaz peynir parçalarını sosun içine batırın ve üzerine yeşil soğan serpin. İsterseniz kabuklarına biraz istiridye ekleyin ve üstleri biraz renklenene ve karidesler ve taraklar pişene kadar 3 ila 5 dakika fırına koyun. Yemeği fırından çıkarın, üzerine biraz limon suyu sıkın ve üzerine biraz zeytinyağı gezdirin.

96. Chraimeh Soslu Somon Biftek

Yapım: 4

İÇİNDEKİLER

- ½ su bardağı / 110 ml ayçiçek yağı
- 3 yemek kaşığı çok amaçlı un
- 4 somon bifteği, yaklaşık 1 lb / 950 g
- 6 diş sarımsak, iri kıyılmış
- 2 çay kaşığı tatlı kırmızı biber
- 1 yemek kaşığı kimyon tohumu, kuru kızartılmış ve taze öğütülmüş
- 1½ çay kaşığı öğütülmüş kimyon
- yuvarlak ¼ çay kaşığı acı biber
- yuvarlak ¼ çay kaşığı öğütülmüş tarçın
- 1 yeşil şili, iri doğranmış
- ⅔ su bardağı / 150 ml su
- 3 yemek kaşığı domates salçası
- 2 çay kaşığı ince şeker
- 4 dilime kesilmiş 1 limon ve 2 yemek kaşığı taze sıkılmış limon suyu
- 2 yemek kaşığı iri kıyılmış kişniş
- tuz ve taze çekilmiş karabiber

TALİMATLAR

a) Kapağı olan geniş bir tavada 2 yemek kaşığı ayçiçek yağını yüksek ateşte ısıtın. Unu sığ bir kaseye koyun, tuz ve karabiberle bolca baharatlayın ve balıkları içine atın. Fazla unu silkeleyin ve balıkların her iki tarafını da altın rengi olana kadar bir veya iki dakika kızartın. Balıkları çıkarın ve tavayı temizleyin.

b) Sarımsağı, baharatları, kırmızı biberi ve 2 yemek kaşığı ayçiçek yağını bir mutfak robotuna koyun ve kalın bir macun oluşturmak için karıştırın. Her şeyi bir araya getirmek için biraz daha yağ eklemeniz gerekebilir.

c) Kalan yağı tavaya dökün, iyice ısıtın ve baharat salçasını ekleyin. Baharatların yanmaması için sadece 30 saniye karıştırın ve kızartın. Baharatların pişmesini önlemek için suyu ve salçayı hızlı ama dikkatli bir şekilde (tükürebilir!) ekleyin. Kaynamaya bırakın ve şekeri, limon suyunu, ¾ çay kaşığı tuzu ve biraz karabiberi ekleyin. Baharat için tadın.

d) Balıkları sosun içine koyun, hafif kaynatın, tavanın kapağını kapatın ve balığın büyüklüğüne bağlı olarak 7 ila 11 dakika pişene kadar pişirin. Tavayı ocaktan alıp kapağını açın ve soğumaya bırakın. Balıkları ılık veya oda sıcaklığında servis edin. Her porsiyonu kişniş ve limon dilimiyle süsleyin.

97. Marine Edilmiş Tatlı Ekşi Balık

Yapım: 4

İÇİNDEKİLER

- 3 yemek kaşığı zeytinyağı
- 2 orta boy soğan, ⅜ inç / 1 cm dilimler halinde kesilmiş (toplamda 3 bardak / 350 g)
- 1 yemek kaşığı kişniş tohumu
- 2 biber (1 kırmızı ve 1 sarı), uzunlamasına ikiye bölünmüş, çekirdekleri çıkarılmış ve ⅜ inç / 1 cm genişliğinde şeritler halinde kesilmiş (3 bardak / toplam 300 g)
- 2 diş sarımsak, ezilmiş
- 3 defne yaprağı
- 1½ yemek kaşığı köri tozu
- 3 adet doğranmış domates (2 su bardağı / toplam 320 gr)
- 2½ yemek kaşığı şeker
- 5 yemek kaşığı elma sirkesi
- 1 lb / 500 g pollock, morina, pisi balığı, mezgit balığı veya diğer beyaz balık filetosu, 4 eşit parçaya bölünmüş
- toz almak için terbiyeli çok amaçlı un
- 2 ekstra büyük yumurta, dövülmüş
- ⅓ bardak / 20 gr doğranmış kişniş
tuz ve taze çekilmiş karabiber

TALİMATLAR

a) Fırını önceden 375°F / 190°C'ye ısıtın.

b) 2 yemek kaşığı zeytinyağını büyük bir fırına dayanıklı kızartma tavasında veya Hollandalı fırında orta ateşte ısıtın. Soğanları ve kişniş tohumlarını ekleyin ve sık sık karıştırarak 5 dakika pişirin. Biberleri ekleyip 10 dakika daha pişirin. Sarımsak, defne yaprağı, köri tozu ve domatesleri ekleyin ve ara sıra karıştırarak 8 dakika daha pişirin. Şekeri, sirkeyi, 1½ çay kaşığı tuzu ve biraz karabiberi ekleyip 5 dakika daha pişirmeye devam edin.

c) Bu arada kalan 1 yemek kaşığı yağı ayrı bir tavada orta-yüksek ateşte ısıtın. Balıkları biraz tuz serpin, una, ardından yumurtaya batırın ve bir kez çevirerek yaklaşık 3 dakika kızartın. Fazla yağı emmesi için balıkları kağıt havlulara aktarın, ardından biber ve soğanla birlikte tavaya ekleyin, sebzeleri bir kenara iterek balığın tavanın dibine oturmasını sağlayın. Balığın sıvıya batırılmasına yetecek kadar su (yaklaşık 1 bardak / 250 ml) ekleyin.

d) Balık pişene kadar tavayı 10 ila 12 dakika fırına koyun. Fırından çıkarıp oda sıcaklığına soğumaya bırakın. Balık artık servis edilebilir, ancak aslında buzdolabında bir veya iki gün bekletildikten sonra daha iyi olur. Servis yapmadan önce tadına bakın, gerekirse tuz ve karabiber ekleyin ve kişnişle süsleyin.

98. Kırmızı Biber & Fırında Yumurta Galetteleri

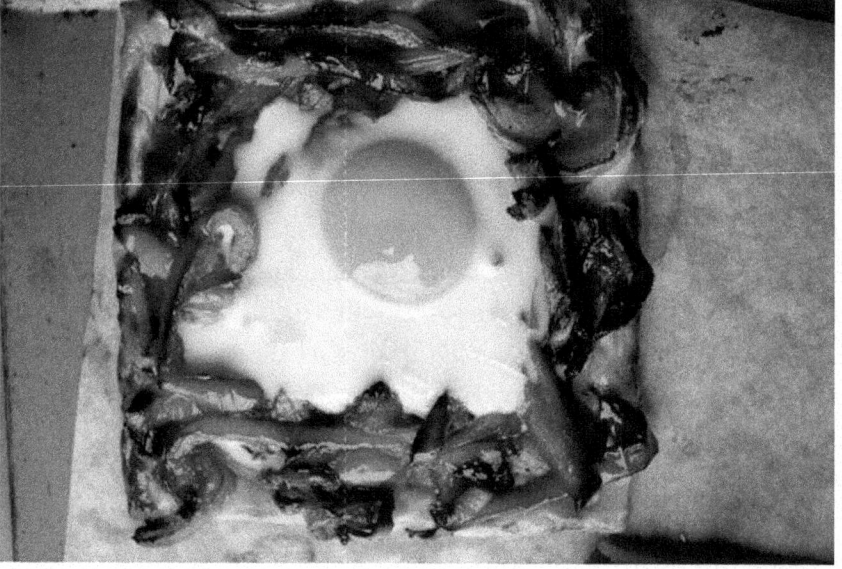

Yapım: 4

İÇİNDEKİLER

● 4 orta boy kırmızı biber, ikiye bölünmüş, çekirdekleri çıkarılmış ve ⅜ inç / 1 cm genişliğinde şeritler halinde kesilmiş

● 3 küçük soğan, ikiye bölünmüş ve ¾ inç / 2 cm genişliğinde dilimler halinde kesilmiş

● 4 dal kekik, yaprakları toplanmış ve doğranmış

● 1½ çay kaşığı öğütülmüş kişniş

● 1½ çay kaşığı öğütülmüş kimyon

● 6 yemek kaşığı zeytinyağı, artı bitirmek için ekstra

● 1½ yemek kaşığı düz yapraklı maydanoz yaprağı, iri kıyılmış

● 1½ yemek kaşığı kişniş yaprağı, iri kıyılmış

● 9 oz / 250 g en kaliteli, tamamen tereyağlı puf böreği

● 2 yemek kaşığı / 30 gr ekşi krema

● 4 büyük serbest gezinen yumurta (veya 160 g beyaz peynir, ufalanmış) artı 1 yumurta, hafifçe dövülmüş

● tuz ve taze çekilmiş karabiber

TALİMATLAR

a) Fırını önceden 400°F / 210°C'ye ısıtın. Büyük bir kapta biberleri, soğanları, kekik yapraklarını, öğütülmüş baharatları, zeytinyağını ve bir tutam tuzu karıştırın. Bir kızartma tavasına yayıp, pişirme sırasında birkaç kez karıştırarak 35 dakika kızartın. Sebzeler yumuşak ve tatlı olmalı, ancak fazla gevrek veya kahverengi olmamalıdır, çünkü daha fazla pişeceklerdir. Fırından çıkarın ve taze otların yarısını ekleyip karıştırın. Baharat için tadın ve bir kenara koyun. Fırını 425°F / 220°C'ye kadar açın.

b) Hafifçe unlanmış bir yüzeyde, puf hamurunu yaklaşık ⅛ inç / 3 mm kalınlığında 12 inç / 30 cm'lik bir kare halinde açın ve dört adet 6 inç / 15 cm'lik kareye kesin. Karelerin her yerine çatalla delikler açın ve yağlı kağıt serili fırın tepsisine aralıklı olarak dizin. En az 30 dakika buzdolabında dinlenmeye bırakın.

c) Hamuru buzdolabından çıkarın ve üstüne ve yanlarına çırpılmış yumurta sürün. Bir spatula veya kaşığın arkasını kullanarak, her kareye 1½ çay kaşığı ekşi krema sürün ve kenarlarda 0,5 cm'lik bir kenarlık bırakın. Ekşi krema kaplı karelerin üzerine 3 yemek kaşığı biber karışımını kenarları açık kalacak şekilde düzenleyin. Oldukça eşit bir şekilde yayılmalı, ancak daha sonra yumurtayı tutabilmek için ortada sığ bir kuyu bırakılmalıdır.

d) Galetteleri 14 dakika pişirin. Fırın tepsisini fırından çıkarın ve her bir hamur işinin ortasındaki kuyuya bir bütün yumurtayı dikkatlice kırın. Fırına dönün ve yumurtalar pişene kadar 7 dakika daha pişirin. Karabiber ve kalan otları serpin ve üzerine yağ gezdirin. Hemen servis yapın.

99. HannukaTuğla

Yapar: 2

İÇİNDEKİLER

● yaklaşık 1 su bardağı / 250 ml ayçiçek yağı
● 2 daire feuilles de tuğla hamur işi, çapı 10 ila 12 inç / 25 ila 30 cm
● 3 yemek kaşığı kıyılmış düz yapraklı maydanoz
● 1½ yemek kaşığı doğranmış yeşil soğanın hem yeşil hem de beyaz kısımları
● 2 büyük serbest gezinen yumurta
● tuz ve taze çekilmiş karabiber

TALİMATLAR

a) Ayçiçek yağını orta boy bir tencereye dökün; tavanın kenarlarından yaklaşık ¾ inç / 2 cm yukarı gelmelidir. Orta ateşte koyun ve yağ ısınıncaya kadar bırakın. Çok sıcak olmasını istemezsiniz, yoksa hamur işi yumurta pişmeden yanar; Doğru sıcaklığa ulaştığında küçük kabarcıklar yüzeye çıkmaya başlayacaktır.

b) Hamur halkalarından birini sığ bir kabın içine yerleştirin. (Eğer hamuru fazla israf edip daha fazla doldurmak istemiyorsanız daha büyük bir parça kullanabilirsiniz.) Böreğin kuruyup sertleşmemesi için hızlı çalışmanız gerekecektir. Maydanozun yarısını dairenin ortasına koyun ve üzerine yeşil soğanın yarısını serpin. Bir yumurtayı dinlendirmek için küçük bir yuva oluşturun, ardından bir yumurtayı dikkatlice yuvaya kırın. Bol miktarda tuz ve karabiber serpin ve bir paket oluşturmak için hamur işinin yanlarına katlayın. Yumurtanın tamamen kaplanması için dört kat üst üste gelecektir. Hamuru kapatamazsınız, ancak düzgün bir katlama yumurtayı içeride tutmalıdır.

c) Paketi dikkatlice ters çevirin ve mühürlü tarafı aşağı bakacak şekilde yavaşça yağın içine yerleştirin. Hamur işi altın kahverengi olana kadar her iki tarafını da 60 ila 90 saniye pişirin. Yumurta akı sabitlenmeli ve sarısı hala akıcı olmalıdır. Pişen parseli yağdan alıp kağıt havluların arasına koyarak fazla yağını emdirin. İkinci böreği pişirirken sıcak tutun. Her iki paketi aynı anda servis edin.

100. Sfiha veya Lahm Bi'ajeen

SÜSLEME

İÇİNDEKİLER

- 9 oz / 250 gr kıyma kuzu
- 1 büyük soğan, ince doğranmış (1 tepeleme su bardağı / toplam 180 gr)
- 2 orta boy domates, ince doğranmış (1½ bardak / 250 g)
- 3 yemek kaşığı hafif tahin ezmesi
- 1¼ çay kaşığı tuz
- 1 çay kaşığı öğütülmüş tarçın
- 1 çay kaşığı öğütülmüş yenibahar
- ⅛ çay kaşığı acı biber
- 1 oz / 25 gr düz yapraklı maydanoz, doğranmış
- 1 yemek kaşığı taze sıkılmış limon suyu
- 1 yemek kaşığı nar pekmezi
- 1 yemek kaşığı sumak
- 3 yemek kaşığı / 25 gr çam fıstığı
- 2 limon, dilimler halinde kesilmiş

HAMUR

- 1⅔ su bardağı / 230 gr ekmek unu
- 1½ yemek kaşığı süt tozu
- ½ yemek kaşığı tuz
- 1½ çay kaşığı hızlı yükselen aktif kuru maya
- ½ çay kaşığı kabartma tozu
- 1 yemek kaşığı şeker
- ½ su bardağı / 125 ml ayçiçek yağı
- 1 büyük serbest gezinen yumurta
- ½ su bardağı / 110 ml ılık su
- fırçalamak için zeytinyağı

TALİMATLAR

a) Hamurla başlayın. Unu, süt tozunu, tuzu, mayayı, kabartma tozunu ve şekeri geniş bir karıştırma kabına koyun. İyice karıştırdıktan sonra ortasını havuz gibi açın. Ayçiçek yağını ve yumurtayı kuyuya koyun, ardından suyu ekleyerek karıştırın. Hamur bir araya geldiğinde, çalışma yüzeyine aktarın ve elastik ve homojen hale gelinceye kadar 3 dakika yoğurun. Bir kaseye koyun, üzerine biraz zeytinyağı sürün, ılık bir yerde havluyla örtün ve 1 saat bekletin; bu noktada hamurun biraz kabarması gerekir.

b) Ayrı bir kapta, çam fıstığı ve limon dilimleri dışındaki tüm kaplama malzemelerini ellerinizi kullanarak karıştırın. Bir kenara koyun.

c) Fırını önceden 450°F / 230°C'ye ısıtın. Büyük bir fırın tepsisini parşömen kağıdıyla hizalayın.

d) Yükselen hamuru 2 ons / 50 gr'lık toplara bölün; yaklaşık 14 taneye sahip olmalısınız. Her topu yaklaşık 5 inç / 12 cm çapında ve ⅛ inç / 2 mm kalınlığında bir daire şeklinde açın. Her daireyi her iki tarafa da hafifçe zeytinyağıyla fırçalayın ve fırın tepsisine yerleştirin. Üzerini kapatıp 15 dakika mayalanmaya bırakın.

e) İç harcını hamur işlerinin arasına kaşıkla paylaştırın ve hamuru tamamen kaplayacak şekilde eşit şekilde yayın. Çam fıstıklarını serpin. 15 dakika daha kabarması için bir kenara koyun, ardından pişene kadar yaklaşık 15 dakika fırına koyun. Hamur işinin fazla pişmediğinden, yeni pişirildiğinden emin olmak istiyorsunuz; Üst kısmın içi hafif pembe ve hamurun alt kısmı altın renginde olmalıdır. Fırından çıkarın ve limon dilimleri ile birlikte ılık veya oda sıcaklığında servis yapın.

ÇÖZÜM

Hanuka tarifleri bu özel bayramın kutlanmasının önemli bir parçasıdır. Nesiller boyu aktarılan lezzetli, geleneksel yemeklerin tadını çıkarmak için aileleri ve arkadaşları bir araya getiriyorlar. Çıtır çıtır latkelerden tatlı sufganiyota kadar bu tarifler lezzet ve sembolizmle dolu. Petrolün mucizesini, aile toplantılarının sıcaklığını ve geleneklerle dolu bir bayramı kutlamanın mutluluğunu temsil ediyorlar. İster Hanuka'yı kutluyor olun ister sadece yeni bir şeyler denemek isteyin, bu tarifler Yahudi kültürü ve mutfağının zenginliğini ve derinliğini deneyimlemenin harika bir yoludur.

9 781835 517475